Rudolf Rengstorf

Aufrechter Gang

Rudolf Rengstorf

Aufrechter Gang

Predigten zu den Feiertagen im Jahreskreis

Fromm Verlag

Impressum/Imprint (nur für Deutschland/ only for Germany)
Bibliografische Information der Deutschen Nationalbibliothek: Die Deutsche Nationalbibliothek verzeichnet diese Publikation in der Deutschen Nationalbibliografie; detaillierte bibliografische Daten sind im Internet über http://dnb.d-nb.de abrufbar.

Coverbild: www.ingimage.com

Verlag: Der Fromm Verlag ist ein Imprint der
VDM Publishing House Ltd.,17 Rue Meldrum, Beau Bassin,1713-01 Mauritius
Website: www.frommverlag.de
Email: info@frommverlag.de

Gedruckt in USA, UK, Deutschland. Dieses Buch wurde nicht in Mauritius produziert

Imprint (only for USA, GB)
Bibliographic information published by the Deutsche Nationalbibliothek: The Deutsche Nationalbibliothek lists this publication in the Deutsche Nationalbibliografie; detailed bibliographic data are available in the Internet at http://dnb.d-nb.de .

Publisher:
Fromm Verlag is an imprint of the publishing house
VDM Publishing House Ltd.,17 Rue Meldrum, Beau Bassin,1713-01 Mauritius
Website: www.frommverlag.de
Email: info@frommverlag.de

Printed in: U.S.A., U.K., Germany. This book was not produced in Mauritius.

ISBN: 978-3-8416-0070-7

Meiner Frau Janet,
die wesentlich dazu beigetragen hat,
dass meine Freude am Predigen nie erlahmte

Inhaltsverzeichnis

Die Hintertür und der Advent

Liebe Gemeinde!

Die meisten Einfamilienhäuser haben zwei ganz unterschiedliche Eingangstüren. Besonders gut ist das an den Bauerhäusern hier sowohl im alten Land wie auch auf der Geest und in Kehdingen zu sehen.

Da ist einmal die stattliche Haustür an der Straáenseite - mit dem kleinen gepflegten Vorgarten und dem sauber geharkten oder gefegten Weg davor. Die Haustür ist stets ve_r_schlossen. Der Besucher muss auf den Klingelknopf dr□cken, um sich b_e_merkbar zu machen. Und wenn es schellt, dann weiss man im Hause, da steht Besuch vor der Tür, also jemand, der nicht zur Familie gehört und der irgendetwas Offizielles von einem will. Darum schnell die Schürze abbinden, den Herd abstellen, auf dem Weg über den Flur noch ein rascher Blick in den Spiegel und wenn nötig noch mal eben mit dem Kamm durchs Haar. Und nachdem man die Tür umständlich aufgeschlossen hat, wird der Besucher in die gute Stube gebeten. Dort steht alles ordentlich an seinem Platz - nichts liegt herum. Ein Bild fast wie im Schaufenster. Allerdings ist es auch ein bisschen kühl. Und so ist auch das Gespräch, das mit dem Besucher in der guten Stube geführt wird. Was einen eben in der Küche noch beschäftigt hat, der alltägliche Kram - hier gehört das nicht hin. Nein, das geht den Besucher nichts an. Ihm wird die glatte Ansichtsseite des Lebens gezeigt, damit er einen guten Eindruck gewinnt und sich dann auch bald wieder verabschieden kann.

Ganz anders ist das mit der zweiten Tür, dem Hintereingang. Wer den finden will, muss sich schon etwas auskennen. Er darf sich nicht daran stören, dass der Weg über den Hof nicht so blank ist wie der vorne durch den Vorgarten. Vielleicht muss man sogar über einen Besen oder über ein Dreirad steigen, ehe man zur Tür kommt. Unscheinbar ist sie, hier und da blättert die Farbe ab, Klingel oder Namensschild sucht man vergebens. Die Tür ist unverschlossen, manchmal nur angelehnt. Wer sie
benutzt, fällt quasi mit der Tür ins Haus und steht oft gleich in der Küche, wo nichts abgestellt und noch schnell in Ordnung gebracht wird. Nein, wer durch die Hintertür kommt, gehört sozusagen zur Familie - der weiss, wies da aussieht; dem braucht man nichts vorzumachen. Der kann sich mit an den Küchentisch setzen, kriegt vielleicht noch ne Schüssel zum Gemüseputzen auf den Schoß und was aus dem Kaffeepott.

Und wenn sich bei seinem Reinkommen gerade zwei in der Wolle hatten, dann verstummen die nicht plötzlich, sondern der Streit geht ungeniert weiter. Oft so, dass man noch mit reingezogen wird: „Was sagst du dazu, könnte der Bengel abends nicht eher nach Hause kommen?“ - Oder man ist durch die Hintertür gerade zu einem Zeitpunkt gekommen, als da einem die Decke auf den Kopf fällt: „Mensch, du kommst mir wie gerufen Komm, setz dich hin, ich brauch jemanden, mit dem ich reden kann.“

Ich hab von den beiden Türen und ihren ganz verschiedenen Benutzern erzählt, weil man sich an ihnen gut klarmachen kann, worum es im Advent geht. Ankunft heisst das ja an sich, Advent. Und bei Ankunft denkt man unwillkürlich an Besuch. Nicht an den Gelegenheitsbesuch der guten Nachbarin - die kommt ja nicht an, die kommt rein! Sondern da denken wir an einen angemeldeten und offiziellen Besucher, der nun vorne vor der Haustür angekommen ist.

Und wenn es um das Kommen Gottes geht, dann ist da noch mehr Befangenheit und Fremdheit im Spiel als bei einem offiziellen Besucher. Was will der überhaupt bei mir, und was will ich von ihm? Dazu verläuft mein Leben doch viel zu weltlich und alltäglich, als dass ich mich mit ihm wirklich abgeben könnte. Gewiss, zu manchen offiziellen Ausnahmeanlässen kommt man und frau schon mal mit ihm in Berührung, aber dann eben nicht anders als durch die Haustür und in der guten Stube und der glatten Oberfläche und viel Verlegenheit. Weil man nicht weiss, was man sagen soll. überlässt man am besten alles dem Pastor.

Und doch ist mit dem Kommen Gottes alles ganz anders. Wir sind nicht zu fremd, nicht zu weltlich, nicht zu diesseitig für ihn. Er wartet nicht, bis wir alles von der besten Seite zeigen können. Er kommt klein und unscheinbar, kommt durch die Hintertür, weil er es mag, wo es ungezwungen und menschlich zugeht. Und er weiss nicht nur, wie es bei uns aussieht, er weiss auch, wie uns im Inneren zumute ist. Auch wenn niemand da ist, ihm können wir uns anvertrauen. Und er tut viel bei aller Kälte des Lebens und der Welt, damit uns warm ums Herz wird. Achten Sie mal drauf. Amen.

Der Messias auf dem Esel

Matth.21,1-9

Liebe Gemeinde!

Jerusalem, die hochgebaute Stadt war voller Erwartung auf die Ankunft des Messias, der kommen sollte, um eine Herrschaft unter den Menschen zu errichten, wie Gott sie haben will - eine Herrschaft, die keine Unterdrücker mehr kennt - also raus mit der verhassten Besatzungsmacht der

Römer - eine Herrschaft, die der Stadt und mit ihr ganz Palästina endlich Frieden bringen würde und Sicherheit, so wie es damals unter dem sagenhaften König David gewesen war. Ein schimmerndes Reiterheer und einen waffenstarrenden Zug von Streitwagen erwartete man und mitten darin auf weißem Pferd in blendender Rüstung den Messias aus dem Davidshaus.

Diese Erwartung findet sich auch in unseren Adventsliedern, wenn wir singen: Macht hoch die Tür - das Tor einer Stadt ist damit gemeint. Das zieht man hoch - die Tor macht weit. Ihr braucht euch nicht mehr abzuschotten vor Feinden und Eindringlingen. Heil und Leben zieht jetzt ein, in jedes Haus, in Dorf und Stadt, ja in die ganze Welt - es kommt der König aller Könige, der die Welt des Schöpfers wieder in Ordnung bringt.

Wer aber kam damals in Wirklichkeit? Ein unscheinbarer Mann aus dem gottvergessenen Galiläa, umgeben von recht zwielichtigen Gestalten aus irgendwelchen Provinznestern und das auch noch auf einem Esel! Ein Witz war das - ein Narrenzug! Man kann sich vorstellen, wie das auf die

führenden Leute in der Stadt gewirkt hat. An die Stirn getippt haben sie sich: Wer sind wir denn, uns das hier anzusehn! Und voller Verachtung haben sie sich zurückgezogen.

Doch von ihnen hören wir nichts. Denn diese Geschichte wird wie das Evangelium im Ganzen nicht aus der Sicht der führenden Leute erzählt, mit denen eine Stadt sich schmückt. Nein, erzählt wird von den kleinen Leuten, auf die niemand achtet. Dazu gehören auch die am Boden kauernden Bettler oder die Männer mit den Bierdosen. Und d i e sagten: Gottseidank für diesen Messias, der nicht auf hohem Ross daherkommt und uns kleine Leute übersieht. Vor dem Messias auf einem Eselchen braucht niemand Angst zu haben. Dem muss man nicht aus dem Wege gehen, den kann man umringen, den kann man auf sich aufmerksam machen. Und so tönt es von allen Seiten: Hosianna - auf deutsch nicht etwa Hoch oder Heil!, sondern „Hilf uns doch", du Sohn Davids!

Und wie hilft er? Er fängt unten an, und er bleibt auch unten. Hat kein Konjunkturprogramm in der Tasche, das sofort zieht und alle Menschen wieder in Lohn und Brot bringt. Hat kein Wundermittel gegen Aids oder Krebs oder Alzheimer. Hat auch kein Rezept dafür, wie man mit einem Schlag die Kriege beendet und die Menschen friedfertig macht. Er hilft, indem er erzählt - erzählt davon, dass Gott sich nicht enttäuscht abgewandt hat. Erzählt, dass Gott jeden von uns haben will und uns etwas zutraut, uns den Rücken stärken und das Herz festmachen will und am Ende alles gut machen wird.
Und er hilft, indem er tut, was er kann : "Sanftmtigkeit ist sein Gefährt" - so haben wir gesungen. Sturmangriffe und Niederwalzen – das wirft die Menschen wie auch die Schöpfung nur zurück. Gewaltlosigkeit allein bringt voran: Hungernde speisen, Kranken beistehen, Gefallene wieder auf die Beine bringen.
Und er bringt Menschen dazu, ihm dabei zu helfen - seine Jünger und seitdem durch all die Jahrhunderte - Mädchen und Jungen, Männer und Frauen- die nicht genug bekommen können von den Mutmach-Geschichten von Gott, der Wert legt auf jeden von uns, und die das weitererzählen.
Die nicht jammern und schimpfen über die Schlechtigkeit der Menschen, sondern ihr kleines Kind in die Kirche bringen und darum bitten, dass Gott es in seiner Acht und Hut hält sein Leben lang.
Die das Dunkel in der Welt und in ihrem Leben nicht mit falschem Schein und Lärm verdrängen, sondern es aushalten und ihre Freude haben an einem kleinen Licht.
Darum also geht es im Advent, uns darauf einzustellen, dass wir nicht zu klein sind für den großen Gott, dass er sich klein macht und seine Freude daran hat, wenn wir auch die kleinsten Chancen nutzen.
Darum gehört auch die Aktion BROT FÜR DIE WELT in dieser Zeit. Beharrlich schwimmt sie gegen den großen Strom derer an, die sagen: Wir haben Notleidende bei uns genug. Mir hat auch noch keiner geholfen. Wer weiß, ob das Geld überhaupt ankommt. Die haben doch selber schuld. BROT FÜR DIE WELT weiß besser als alle Kritiker, wie schwer und schier aussichtslos es ist, Hunger und Seuchen in der Dritten Welt bekämpfen zu wollen, und fängt doch an damit mit immer neuen Projekten, in denen Menschen neben Brot Zuwendung und Wertschätzung erfahren. Genauso hat Gott an einer Stelle angefangen. Und wir können uns darauf verlassen, dass er hört, wenn wir rufen: Hosianna! Hilf uns doch! Amen.

Die Botschaft des Kindes

(Lukas 2, 12b

Liebe Weihnachtsfreundinnen und -freunde!

Ich glaube, so darf ich Sie ansprechen - als Leute, die Weihnachtenmögen, die immer von neuem in den Bann dieses Festes gezogen und von einer ganz besonderen Stimmung erfasst werden. Einer Mischung aus Erinnerung, aus Vorfreude und Spannung. Führt nicht jedes Weihnachtsfest uns wieder etwas zurück in die Kindertage, als wir vor einer geheimnisvoll verschlossenen Tür sehnsüchtig darauf warteten, , dass sie sich auftat. Und das, obwohl die Kinderzeit bei den meisten von uns schon weit zurückliegt und wir uns so gut auskennen mit dem Leben u7nd den Menschen, dass wir das Staunen so gut wie verlernt haben.

Die meisten von uns haben dieses Fest doch oft genug gefeiert, um zu wissen, wie alles abläuft, sind auf Überraschungen kaum noch gefasst. Und doch versetzen uns die Kerzen, der Tannenduft und vor allem die Töne von Weihnachten, die Lieder, jedes Jahr wieder zurück in die Zeit, als wir Kinder waren, als w„re es gestern gewesen.

Früher, als ich jünger war, habe ich das als kindisch und kitschig abgetan, wenn Erwachsene wieder in seligen Kindheitserinnerungen schwelgten und Lieder sangen, die gar nicht mehr in unsere nüchterne und von städtischem Leben geprägte Welt passen. Eine Welt, die das gar nicht mehr kennt: ein Kind auf Heu und auf Stroh, redliche Hirten, ein hochheiliges Paar, geschweige denn Engel, die vom Himmel hoch kommen.

Inzwischen bin ich klüger geworden. Ich habe gelernt, dass ich meine Kindheit nie loswerde und sie - anders als andere Lebenszeiten - untergründig immer da bleibt - genauso wie auch Mutter und Vater immer dableiben, selbst dann noch, wenn sie nicht mehr am Leben sind. Und ich habe gelernt, wie gut und heilsam es ist, dass auch im Manne und der Frau immer noch das Kind steckt mit der Fähigkeit, sich von Herzen freuen zu k"nnen – aber auch sich zutiefst erschrecken und ängsten zu können und ausgestattet zu sein mit dieser Sehnsucht nach Zuhause und Geborgenheit. Dass wir bei allem Erwachsensein auch immer noch das Kind in uns tragen, das macht uns menschlich und barmherzig, macht uns zu Leuten, die ein Herz haben für das Kleine und Unfertige und Hilfsbedürftige.

Vor allem habe ich gelernt, was das zu bedeuten hat, dass Gott - der unvorstellbar große und heilige Gott - ganz bewusst als Kind in die Welt gekommen ist. Wehrlos und hilflos, ganz und gar darauf angewiesen, dass da Menschen sind, die ihm ihre ungeteilte Liebe und Fürsorge schenken, damit er wachsen und auf das Leben in seiner Art zugehen kann.

Er ist anders gekommen, als wir es immer von neuem von ihm erwarten, allmächtig von oben her und bitte schpn alles in Ordnung bringend - und wenn nicht, dann haben wir Schwierigkeit, an ihn zu glauben.

Nein, er hat sich für den ganz und gar menschlichen Weg entschieden, ist gekommen, wie jeder von uns in diese Welt kommt: klein und erbarmungswürdig. Eben als Kind. Und merkwü□rdiger Weise war dies für ihn nicht ein Lebensstadium, das er moglichst schnell hinter sich lassen wollte. Gewiss hat er sich nicht gesträubt erwachsen zu werden und hat mit dem,was er dann wusste,und konnte, mit dem, was er sagte und tat, Erstaunen erregt. Und doch hat er das Kindsein nie ganz hinter sich gelassen. Im Gegenteil: Die Kinder hat er hoch geschätzt. Seine Jünger hat er zurechtgewiesen, als sie ihm die Kinder von Leibe halten wollten, hat sie auf den Schoß genommen, sie gesegnet und sie den Erwachsenen sogar als Vorbild im Glauben hingestellt. Weil Kinder rückhaltlos vertrauen. So möchte Gott uns haben. Und deshalb hat Jesus sich Gott gegen□ber nie anders als Kind, als Sohn, gesehen und ihn auch angesprochen wie ein Kind seinen Vater anspricht: Abba, Papa...und so hat er auch seine Jünger und uns mit Gott zu sprechen gelehrt: Vater unser, lieber Vater im Himmel...

Und der Vater im Himmel - dessen Boten die Hirten erschrocken haben, dessen Sterne die Magier aus dem Morgenland zu erkunden trachteten und der uns Heutige so ratlos macht, weil wir ihn nicht fassen, ihn nicht begreifen können:

Er will sich finden lassen in dem Kind - dem Kind, das groß ist im Bitten und Fragen: so hört auch ihr nicht auf, Gott in den Ohren zu liegen mit dem, was euch fehlt und was ihr nicht versteht. Ihr werdet nicht ungehört bleiben.

Er will sich finden lassen in dem Kind, dessen Augen strahlen, sich aber eben so schnell mit Tränen füllen können: So hört auch ihr auf, bei allem möglichst cool bleiben zu wollen und zeigt, was euch bewegt Das verbindet und belebt.

Er will sich finden lassen in dem Kind, das seine Hand ausstreckt und wenn es die Hand des Größeren gefunden hat, sogar die Zunge rausstrecken kann gegenüber dem, was ihm eben noch Angst gemacht hat. So streckt auch ihr die Hand aus nach dem, der euch hält und trägt in Ewigkeit

Er will sich finden lassen in dem Kind, das singt - egal wie - Hauptsache, es mag sich hören. So lasst auch uns singen, was unter der Nr. 36 steht: Fröhlich soll mein Herze springen!

Amen.

Der Streit zwischen Ochs und Esel

Liebe Gemeinde!

Weihnachten gibt es nicht nur bei den Menschen und den Engeln. Weihnachten gibt es auch bei den Tieren. Zu den Hirten gehörten schließlich die Schafe, und Ochs und Esel sind an der Krippe zu sehen. Hören wir deshalb mal, was für die Tiere an Weihnachten das Schönste ist. Darüber sind die fast mal in Streit geraten.

"Na klar, Gänsebraten", sagte der Fuchs, "was wäre Weihnachten ohne Gänsebraten!"

"Schnee", sagte der Eisbär, "viel Schnee!" Und er schwärmte verzückt: "Weiße Weihnachten!" Und in diesem Jahr käme er selbst bei uns auf seine Kosten!

„Bloß das nicht", blökten die Schafe, "schön warm und kuschelig muss es sein."

Das Reh sagte: "Ich brauche einen Tannenbaum, sonst kann ich nicht Weihnachten feiern."

"Aber nicht so viele Kerzen", heulte die Eule, "schön schummrig und gemütlich muss es sein. Stimmung ist die Hauptsache."

"Aber mein neues Kleid muss man sehen", sagte der Pfau, "wenn ich kein neues Kleid kriege, ist für mich kein Weihnachten."

"Und Schmuck!" krächzte die Elster, "jedes Weihnachtsfest kriege ich was: Einen Ring, ein Armband, eine Brosche oder eine Kette, das ist für mich das Allerschönste an Weihnachten."

"Na aber bitte den Stollen nicht vergessen", brummte der Bär, "das ist doch die Hauptsache. Wenn es den nicht gibt und all die süßen Sachen, verzichte ich auf Weihnachten."

"Mach's wie ich", sagte der Dachs, "pennen, pennen, das ist das Wahre..Weihnachten heißt für mich: Mal richtig pennen!"

"Und saufen, ergänzte der Ochse, "mal richtig einen saufen und dann pennen" - aber dann schrie er "Aua!", denn der Esel hatte ihm einen schmerzhaften Tritt versetzt. "Du Ochse, denkst du denn gar nicht an das Kind?" Da senkte der Ochse beschämt den Kopf und sagte: "Ja richtig, das Kind, das ist doch die Hauptsache." - "Übrigens",fragte er dann den Esel: "Wissen das die Menschen eigentlich?"

Doch, ich bin sicher, die Menschen wissen das ganz gut. Sonst würden sie sich am heiligen Abend nicht scharenweise aus ihren Häusern mit all den Geschenken und dem guten Essen auf den Weg in die Kirche machen, wo es eigentlich ja um nichts anderes geht als um das Kind. Das Kind, von dem gesagt wird: Euch ist heute der Heiland geboren. Diese Botschaft, die jeden meint, der sie hört - nicht nur die Hirten damals auf dem Felde bei Bethlehem. In all den Jahrhunderten dazwischen haben die Menschen das gehört, Und auch heute hören sie es wieder in allen Sprachen und in allen Teilen der Welt wie auch wir hier in St. Lamberti. Es gibt keine andere Geschichte, die so viele Menschen quer durch alle Zeiten, durch alle Hautfarben und Altersstufen anspricht und uns damit in eine unvorstellbare große, die ganze Welt umspannende Gemeinde stellt, der gesagt ist: Euch ist heute der Heiland geboren.

Der Heiland ein Kind. Sicher, er ist dann auch herangewachsen und hat erstaunliche Dinge zustande gebracht. Aber Gott gegenüber ist er stets ein Kind geblieben. Hat ihn angesprochen wie ein Kind seinen Vater anspricht. Und dieses vertrauensvolle Verhältnis zu Gott hat er nicht für sich behalten. Seinen Jüngern und mit ihnen seiner ganzen Kirche bis hin zu uns hat er das Vaterunser weitergegeben. Das Gebet, in dem wir uns genauso wie Jesus zu Gott als dem lieben Vater stellen. Das Gebet, das genauso wie diese Geschichte die ganze Welt umspannt - und es vergeht keine Minute, ja keine Sekunde, in der es nicht irgendwo in der Welt von einem jungen oder alten Menschenkind gesprochen wird. Eine Geschichte und ein Gebet weltweit, global.

Globalisierung ist ja zu einem Zauberwort unserer Tage geworden. Gemeint ist damit, dass es für Geld und Waren keine Grenzen mehr gibt, es inzwischen überall hingelangen kann und die Arbeitsplätze dahin mitnimmt, wo man noch mehr Geld mit ihnen machen kann. Damit haben Konkurrenz- und Leistungsdruck sich überall in der Welt verschärft. Doch lange bevor das Geld die Welt dermaßen in den Griff gekriegt hat, ist das Vaterunser bis in die letzten Winkel dieser Welt vorgedrungen. Und lange bevor Wohl und Wehe ganzer Länder und Kontinente vom Börsen- und Währungskursen abhängig wurden, war schon die Botschaft globalisiert, weltweit geworden: Euch ist heute der Heiland geboren. Ihr könnt euch daran halten: Was ihr wert seid, darüber entscheidet nicht das Portemonaie und nicht euer Marktwert. Ihr seid hier, weil Gott euch haben will. Er entscheidet darüber, was aus dieser Welt und aus euch .wird. Am Ende wird sein Reich stehen, in dem Gerechtigkeit herrscht und keiner mehr Angst haben muss, um sein Leben betrogen zu werden. Ihr sollt dabei sein und euch jetzt schon darauf einrichten, dass jeder Mensch sein Lebensrecht hat und ihr auch mit kleinen Kräften etwas tun könnt für mehr Menschlichkeit unter uns, denn: Euch ist heute der Heiland geboren. Klein fängt er an, immer von neuem, um euch mitzunehmen zu dem, der alles gut machen wird. Amen.

Aufregung unter den himmlischen Heerscharen

Lukas 2,14

Liebe Gemeinde!

Stellen Sie sich vor, wir wären hier nicht in der Kirche, sondern wir wären eine große Schar von Engeln in den himmlischen Chören.. Gehört ja nicht viel Phantasie dazu! Stellen Sie sich auch vor, von der Erde und den Menschen hätten wir bisher noch nie etwas gehört. Bis zu diesem Augenblick, in dem unser Chorleiter den Übungssaal betreten hat. Sofort kehrt Stille unter uns ein. Er räuspert sich und sagt: "Wir haben heute abend noch einen besonders wichtigen Auftritt auf einem andern Planeten. Und dafür müssen wir noch einen ganz neuen vielstimmigen Chorsatz einüben mit folgendem Text: 'Ehre sei Gott in der Höhe und Friede auf Erden und den Menschen ein Wohlgefallen.' Und nun gebt euch bitte Mühe, damit die Sache klappt."

Wir sind auch alle mit Eifer dabei - voller Neugier darauf, die Erde und ihre Bewohner kennen zu lernen. Was das wohl für Wesen sein mögen, an denen unser allergnädigster Herr ebenfalls Wohlgefallen hat. Und wie es wohl zugeht unter Lebewesen, unter denen eitel Friede herrscht, wo also selbst die Rangeleien, die unter uns Engeln durchaus vorkommen, offenbar ganz unbekannt sind.

Wir fragen uns allerdings, wozu die unsern Gesang brauchen, wenn bei denen ohnehin schon alles voller Ehre Gottes ist - also voller Lob und Dank, voller Jubel und Gesang. Aber - so denken wir - vielleicht wollen die Wesen auf dem Planeten Erde mal hören, wie wir das machen. Können sie haben. Konkurrenz belebt das Geschäft! Also gut, das Singen klappt ausgezeichnet. Unser Engel-Hauke ist mit uns zufrieden. Und auf gehts!

Als wir uns der Erde nähern, sind wir bezaubert von der Schönheit dieses leuchtend blauen Planeten. So etwas Zartes und Kostbares haben wir unter all den Planeten überhaupt noch nicht gesehen. Kein Wunder, dass da Ehre Gottes und Friede herrschen und Gott diesen Planeten und seine Bewohner ins Herz geschlossen hat.

Freilich, je näher wir kommen, desto weniger trauen wir unseren Augen. Und die sind bei Engeln bekanntlich besonders scharf und durchdringend. Wir sehen riesige Pyramiden. Die sind nicht etwa zur Ehre unseres allergnädigsten Herrn errichtet. Dem darf man mit solchem starren Pomp - wie jeder Engel weiß - gar nicht erst kommen. Nein, mit diesen Pyramiden sollen irgendwelche Pharaonen, die schon lange tot sind, verewigt werden. Andere prächtige Bauwerke dienen der Ehre der von Gott gemachten Gestirne. Die sch"nsten Tempel aber vergöttern den römischen Kaiser. Und dieser feine Herr, das können wir jetzt auch schon erkennen, der ist gerade dabei, die Völker in seinem Reich von einem Ort zum andern zu scheuchen. Damit er sie für die Steuern und Abgaben noch besser einschätzen und abzocken kann. Wer sich widersetzt, wird von Soldaten vorangetrieben. Selbst schwangere Frauen müssen auf die Straße. Und seht mal, dort muss eine Frau ihr Neugeborenes sogar in eine Futterkrippe legen, weil sie keinen anderen Platz gefunden hat. Und da direkt unter uns liegt ein Haufen abgerissener Hirtengestalten, die fürchterlich fluchen über das Römerpack wie auch über unseren gnädigen Herrn persönlich, den - wie sie sagen - das alles überhaupt nicht kümmert.

"Aufstellung nehmen!" befiehlt unser Dirigent.

Aber da prasselt es nur so an Protesten:

"Bist du noch zu retten? Merkst du gar nicht, dass du dich verflogen hast? Von wegen Ehre Gottes und Friede! An diesem Gesindel soll unser Herr ein Wohlgefallen haben? Da sträubt sich einem ja das Gefieder! Bloá weg hier. Sonst kriegen wir zuhause noch was auf den Deckel!"

"Kommt. Leute, jetzt reisst euch zusammen!" ruft unser Dirigent aufgebracht. "Habt ihr denn keine Augen im Kopf? Der Sohn unseres allergnädigsten Herrn ist doch persönlich erschienen!"

"Wie bitte?" fragen wir und denken: Jetzt ist er völlig übergeschnappt.

"Ja, seht dort, das Kind in der Krippe - das ist er. Und die Hirten da unter uns, die haben es eben als erste erfahren. Also bitte jetzt. Drei- vier!"

Ehre sei Gott in der Höhe - so singen wir mit den Engeln nicht etwa deshalb, weil wir Menschen Gott ohnehin zu Ehren kommen lassen. Sondern weil Gott sich die Ehre gibt, sich von seiner Höhe tief herabzubeugen, bescheiden und unaufdringlich an Leben der Menschen teilzunehmen und auch die zu ertragen, die ihn lästern und verfluchen oder gleichgültig jeden Glauben aufgegeben haben. Damit auch sie Gott nicht los sind.

Friede auf Erden, nicht weil wir so friedliebend wären. Sind wir natürlich alle. Aber wer kann ihn denn, den Frieden? Auch wenn bei uns die Waffen schweigen: Wir tragen doch massiv zum Unfrieden auf Erden bei, weil wir das Vielfache zum Leben brauchen wie andere Völker und nichts tun gegen eine schreiend ungerechte Weltwirtschaftsordnung. Friede auf Erden, weil Gott sich trotz allen Unfriedens und alles Haben- und Behaltenwollens nicht enttäuscht oder wütend abwendet. Nein, den ängstlichen misstrauischen und abwehrbereiten Menschen kommt er mit offenen Armen entgegen. Am eigenen Leib hat er gezeigt: Verzichten und Teilen, Schwäche zeigen und Weichwerden - das wirft uns nicht zurück. Das bringt entwaffnende Menschlichkeit nach vorne, und das macht den Frieden stark.

Und Wohlgefallen hat Gott nicht an uns, weil wir alles richtig machen und uns nichts vorzuwerfen haben. Wohlgefallen hat er an uns, weil er uns mag, jeden und jede von uns ins Herz geschlossen hat, uns hier haben und .nicht ohne uns sein will.

Darum haben wir, gerade weil wir keine Engel sind, allen Grund zu singen: Fr"hlich soll mein Herze springen! Amen.

Wo Gott wohnt

2. Samuel 7, 4-6.12-14a

Liebe Gemeinde!

Zwei Nachtgeschichten haben wir eben gehört. Die eine vertraut und lieb - die Geschichte von der Geburt im nächtlichen Stall und den Hirten auf dem Felde, denen nachts ein Licht aufgeht. Darüber ist die erste Geschichte mit Sicherheit in den Hintergrund gereten. Sie aber soll der Predigt heute Nacht zugrunde gelegt werden. Deshalb lese ich sie noch einmal:

> *In der Nacht aber kam das Wort des Herrn zu Nathan:*
> *Geh hin und sage zu meinem Knecht David: So spricht der Herr: Solltest du mir ein Haus bauen, dass ich darin wohne?*
> *Habe ich doch in keinem Hause gewohnt seit dem Tag, da ich die Israeliten aus Ägypten führte, bis auf diesen Tag, sondern ich bin umhergezogen in einem Zelt als Wohnung.*
> *Wenn nun deine Zeit um ist und du dich zu deinen Vätern schlafen legst, will ich dir Einen Nachkommen erwecken, der von deinem Leibe kommen wird; dem will ich sein Königtum bestätigen. Der soll meinem Namen ein Haus bauen, und ich will seinen Königsthron bestätigen ewiglich. Ich will sein Vater sein und er soll mein Sohn sein.*

Zunächst erscheint das ja alles ganz weit weg zu sein von Weihnachten. Und doch gibt es Gemeinsamkeiten

Die erste: In beiden Geschichten spielt König David eine Rolle. Josef musste nach Bethlehem, weil er zum Geschlecht Davids gehörte. David - das ist mit Abstand der beliebteste König Israels bis heute. Zum einen, weil der Staat Israel unter ihm so groß und mächtig geworden war wie nie wieder in seiner Geschichte. Und zum andern war David ein König nach dem Herzen Gottes. Er hat seine Herrschaft so ausgeübt, dass die Menschen dabei zu ihrem Recht gekommen sind. Unter ihm waren Macht und Recht, Politik und Religion miteinander versöhnt. Lange hat der König das zwar nicht durchgehalten, Aber immerhin für eine Zeit war unter ihm aufgeleuchtet, wie das ist, wenn Friede und Gerechtigkeit sich küssen -

etwa zwischen Israeliten und Palästinensern, das war damals der Fall. Und deshalb gehört es zu den uralten Hoffnungen Israels, dass Gott dem David einen Nachkommen erwecken wird. Den Messias, Christus, der auf Dauer unter die Menschen bringt, was die Engel in der Heiligen Nacht proklamieren: Ehre sei Gott in der Höhe und Frieden auf Erden und den Menschen ein Wohlgefallen!

Die alte Geschichte vom König David scheint in der Geschichte vom Krippenkind also ständig durch. Sie will uns davor bewahren, im Stall und an der Krippen nur die Innerlichkeit, Esoterik gar, zu pflegen. Sie hat von Anfang an eine hochpolitische Bedeutung, weil sie der Herrschaft des Kaisers Augustus die Herrschaft des Davidsohnes entgegensetzt. Und deshalb dürfen bei der Geburt des Davidsohnes die ökonomischen und politischen Verhältnisse von den Christen nicht ausgeblendet werden. Wenn der Wille dieses Kindes gilt, dann kann es nicht dabei bleiben, dass immer mehr Menschen ihre Arbeit verlieren und mit der Arbeit Selbstachtung und Wohlgefallen und bei den übrigen Spaß und Lustgewinn höchste Ehre genießen.

Die zweite Gemeinsamkeit der Nachtgeschichte aus der Zeit des König David mit der Geschichte von der heiligen Nacht ist dies: Beide Male spielen Haus und Bleibe und Leben in der Unbehaustheit eine Rolle. Der König David, unter dem das alte Nomadenvolk Israel sesshaft und ein ansehnlicher Staat geworden war, der legte Wert darauf, dass neben den Palästen in seiner Hauptstadt auch ein Tempel errichtet wurde. Damit deutlich wurde: Es geht bei uns nicht nur um König, Beamte und Offiziere, nicht nur um Schatzkammern, Reitställe und Zeughäuser, es geht um die Ehre dessen, dem wir das alles verdanken und der auch etwas erwartet von uns. Stellen Sie sich vor, es hätte in unserer Stadt keine Obrigkeit gegeben, die für den Bau von Kirchen gesorgt hätte. Museum und Schulen, Rathaus, Versicherungen, Kaufhäuser und Banken - das wärs. Und nichts zu sehen w„re davon, dass der Mensch nicht vom Brot allein lebt und seine Würde nicht aufgeht in dem, was er produziert und komsumiert.

Desto merkwürdiger ist es, dass dem Propheten Nathan in der Nacht die Klarheit geschenkt wird: Der Gott Israels will keinen Tempel und er braucht ihn auch nicht. Sein Zuhaus ist die Welt im ganzen. Und darum möchte er sich nicht einengen lassen - nicht auf einen Ort, als sei er hier mehr als anderswo, und ebensowenig auf eine bestimmte Atmosphäre, als sei er nur zuständig für unsere Seele und ihre Bedürfnisse und nicht auch für unseren Leib und unsere Sinne. Im Hin und Her des Lebens, in Arbeit und Stress ist er uns genauso nahe wie in Zeiten der Ruhe und der Besinnung. Gerade in der Wüste, wo es keine Kirchen und keine Klöster gibt, nur den Kampf um das nackte Überleben, Hitze und Durst ebenso wie Kälte und Angst, da - so ruft er dem Nathan in Erinnerung - da habt ihr mich kennen gelernt am Berge Sinai. Mir reichte ein Zelt mit den Gesetzestafeln. Denn mir ging und geht es darum, mit meinem Willen auf eurem Weg zu bleiben. Auch wenn mir -

spricht der Herr - unter dem Nachfolger Davids in Jerusalem dann doch ein Tempel gebaut werden mag. Um der Menschen willen wird das zugestanden. Als unübersehbarer Hinweis auf Gott und als Einladung, sich ihm ganz zuzuwenden.
Zu fassen aber ist Gott damit nicht. Das kam im Innersten des Tempels in Jerusalem in aller Deutlichkeit auch zum Ausdruck. Das Allerheiligste dieses Tempels - also der Raum, in dem in allen Religionen die Gottheit in einem Standbild erscheint, in Jerusalem war dieser Raum - einzig in der Welt – leer. Weil der allmächtige Gott sich nicht in Formen, Bildern oder Begriffen fassen lässt. Die Frommen können ihn nicht beweisen, und die Atheisten müssen damit leben, dass ihr Nichts nicht gegen den Gott Israels spricht. Zu Hause ist er übe□rall, auch da, wo es mir gar nicht passt und wo er nach meinem Geschmack auch nicht hingehört. Auch dort ist er zu Hause. Und das Lamentieren von Menschen in unserer Stadt, sie könnten nur in ihrer Kirche Gottesdienst feiern, geht an ihm vorbei und hat von ihm her nichts zu sagen.

"Und sie legte ihn in eine Krippe, denn sie hatten sonst keinen Platz in der Herberge. Und es waren Hirten in derselben Gegend auf dem Felde" Das passt zu dem Gott Israels, der auf Häuser und Herbergen nicht angewiesen ist. Zu ihm passt das Kind, für das kein Platz war und das dennoch in die Welt kam und aus dem ein Mann wurde, der umherzog wie ein Vagabund, nirgends ganz hinpasste, bei den Frommen ebenso aneckte wie bei den Gottlosen, die er ja nicht so ließ, wie sie waren, sondern die sich in seinem Gefolge ganz schön umstellen mussten."Der soll meinem Namen ein Haus bauen" - so heisst es in der Hintergrunderzählung der Weihnachtsgeschichte. Gemeint war da zunächst der Tempel des Davidsohnes Salomo. Doch als die Weihnachtsgeschichte geschrieben wurde, da war der Tempel in Jerusalem zerstört. Er ist auch nie wieder errichtet worden. Die Christen sahen diese Nachtankündigung "Der soll meinem Namen ein Haus bauen" in Wahrheit erst erfüllt in dem Mann, der sagte: „In meines Vaters Haus sind viele Wohnungen", der zum Nachhausekommen bei Gott einlud und der dabei an niemandem vorbeiging. An Fischern, Zöllnern und Soldaten ebensowenig wie an gestressten Hausfrauen und Mädchen, von denen Männer nur das Eine wollten, an Menschen von Rang und Namen ebensowenig wie an Gehandicapten und Ausgeflippten. Und mittendrin der Eine, der im Gedränge des Lebens Raum schafft für sie als Töchter und Söhne Gottes, deren Würde nicht angetastet werden darf. Jesus - im Stall geboren, am Kreuz gestorben - den Mächtigen ausgeliefert von Anfang bis Ende, und doch so bei Gott zu Hause, dass er Halt und Geborgenheit geben kann im Leben wie im Tode. Halleluja. Amen.

Wo wir zu Hause sind

Hesekiel 37, 24-28

Liebe Gemeinde!
Was wäre dieser Abend, was wäre diese Nacht ohne Erinnerungen! Ohne die Erinnerung an die Geschichte einer Geburt, die sich vor unvorstellbar langer Zeit ereignet hat und uns doch so merkwürdig nah kommt, eben weil sie in der Erinnerung schon fast ein Teil unserer selbst geworden ist. Und dann ja weiter gewirkt hat in vielen dieser heiligen Abende und Nächte, deren Erinnerungen sich mit dieser Geschichte verschmelzen und so manchem von uns die Tränen in den Augen aufsteigen lassen.

Und diese Geschichte hält ihrerseits Erinnerungen wach, die noch viel weiter zurück reichen - Erinnerungen an den König David etwa, unter dessen Herrschaft es Israel so gut ging, wie seitdem nie wieder und der deshalb zum Sinnbild einer Ordnung geworden ist, in der Friede und Gerechtigkeit für alle sich küssen. Und das - so wurde den Israelis im Laufe ihrer Geschichte immer klarer - kriegt nur Gott hin. Denn trotz aller Gebote und Weisungen, die er gegeben hat: die Menschen, je besser es ihnen geht und je stärker sie werden, sehen zunächst und vor allem sich selbst und erweisen sich als das Schöpfungs- und Friedensrisiko Nummer eins. Hoffnung für sie - für uns gibt es nur, wenn Gott sich der Menschen erbarmt. Das Kommen Jesu galr als besonders starkes Zeichen für das Erbarmen Gottes. Deshalb ist das Kind in der Krippe umgeben mit Hoffnungsbildern, mit Weissagungen, die zu dieser Nacht gehören wie das Amen in der Kirche. Eine dieser Weissagungen, dieser Erinnerungen daran, dass die Welt und unser Leben nur mit Gott heil werden kann, steht beim Propheten Hesekiel.
Lange, lange vor der Geburt Jesu gesprochen, kommt das Wort aus einer Zeit, als Israel daniederlag und nach menschlichem Ermessen keine Zukunft mehr hatte. Das Land war besetzt, Jerusalem zerstört, der Tempel nieder gebrannt, die Führungsschicht nach Babylonien deportiert, ein selbständiger Staat Israel ist erst in unserer Zeit wieder zustande gekommen. Da bekommen die Juden von Propheten Hesekiel zu hören:

> *So spricht Gott der Herr über sein Volk:*
> *Mein Knecht David soll ihr König sein und der einzige Hirte für sie alle.*
> *Und sie sollen wandeln in meinen Rechten und meine Gebote halten und danach tun. Und soe sollen wieder in dem Lande wohnen, das ich meinem Knecht Jakob*

gegeben habe, in dem eure Väter gewohnt haben. Sie und ihre Kinder und Kindeskinder sollen darin wohnen für immer. Und mein Knecht David soll für immer ihr Fürst sein.

Und ich will mit ihnen einen Bund des Friedens schließen, der soll ein ewiger Bund mit ihnen sein. Und ich will sie erhalten und mehren, und mein Heiligtum soll unter ihnen sein für immer. Ich will unter ihnen wohnen und will ihr Gott sein, und sie sollen mein Volk sein, damit auch die Heiden erfahren, dass ich der Herr bin, der Israel heilig macht, wenn mein Heiligtum für immer unter ihnen sein wird.

Darauf läuft alles hinaus - auf den Gott, der unter seinem Volk wohnen will. Der auf die Frage, wo möchtest du am liebsten hinziehen? sagt: unter die Menschen, obwohl er sie doch kennt - mitten unter ihnen möchte ich wohnen, sagt er. Ein Gott, der sich nicht entzieht in geheime Winkel des Schweigens oder der Meditation, sich nicht verbirgt hinter philosophischen Theorien und nicht zu verschwinden droht in den schönen Erinnerungen der Kindheit. Nein, auf dem Marktplatz will er sich treffen lassen, uns beim Einkaufen über den Weg laufen, selbst bei der Arbeit und in der Schuie lässt er sich sehen. Beim Arzt sitzt er mit im Wartezimmer, und wenn im Krankenhaus die dringend notwendige Operation besprochen wird, ist er auch mit dabei. Überall haben wir ihn vor Augen- nicht furchteinflößend und einschüchternd, sondern wie ein guter Nachbar vertrauenserweckend und hilfsbereit und Sicherheit gebend, wenn uns etwas zu überfordern droht. Und für alle, die bisher mit dem Glauben und mit Gott nichts am Hut hatten, ist es auf einmal keine Frage mehr: In seiner Gegenwart wird das Leben heil, und es ist eine Freude, ihn zu grüßen, von ihm angesehen und erkannt zu werden.

Vielleicht wundert es Sie, dass ich das Wort vom Wohnen Gottes unter seinem Volk so ganz unbefangen in die uns bekannte Welt hinein übertrage. Doch genau so will Hesekiel verstanden werden. Nicht um ein himmlisches Jenseits geht es ihm, in dem von uns höchstens noch so etwas wie eine körperlose Seele bliebe. Nein, die Welt, in der Gott mit uns wohnen möchte, ist die Erde. Sie wird nach wie vor eine Regierung haben, Gesetze und Ordnungen, Land, zu bearbeiten und zu bewohnen. Entscheidend aber ist, dass die Ordnungen des Lebens verlässlich sind. Die Worte "für immer" tauchen fast in jedem Satz auf.

Da geht es zum einen darum, dass der Rechtsstaat keine Grenzen mehr hat. Es wird keine Regierung mehr geben, die das nationale Interesse höher stellt als die globale Menschenpflicht: Brich mit den Hungrigen dein Brot! Es wird keine Regierung mehr geben, die zulässt, dass die Leistungsstarken und Besserverdienenden den andern gegenüber Vorrechte haben auf beste Medikamente und aufwendige Therapien. Weil dahin regiert wird, dass die Menschen bekommen, was sie um Gottes willen brauchen. Und keiner von uns wird für sein Recht kämpfen oder erleben müssen, dass ihm oder ihr Unrecht geschieht und nichts dagegen zu machen ist. Weil jeder das Recht seines Mitmenschen mit im Auge hat und Nächstenliebe als selbstverständliche Bürgerpflicht wahrgenommen wird.

Und zum andern geht es darum, dass die Menschen dort leben können, wo sie zu Hause sind. Denn offenkundig braucht der Mensch einen Lebensraum, der ihm zur Heimat geworden ist, überschaubar und umgrenzt. Deshalb wird es keine Vertreibungen und keine Hungerflucht mehr geben. Und dort wo neben den Einheimischen Menschen aus anderen Ländern und Kulturen sich inzwischen auch längst zu Hause fühlen, da werden alle beherzigen: Unsere Heimat gehört nicht nur uns. Gott will hier auch die andern haben. auch ihnen hat er dieses Land gegeben. Hochhäuser, in denen die Menschen nicht zu Hause sind, weil sie ständig- auf dem Flur, im Fahrstuhl auf Fremdes oder gar Bedrohliches stoßen wo Gott unter den Menschen wohnt, da wird es sie nicht mehr geben. Nicht weil er nicht damit zurechtkäme - aber er ist ein Gott, der darauf achtet, was seine Menschen brauchen: Heimat. Und Arbeitsplätze werden nicht länger dahin verlegt, wo es sich für die Shareholder am meisten auszahlt. Überall werden die menschen mit ihrer Hände oder ihres Kopfes Arbeit ihr Auskommen haben.

Und schließlich sind die Menschen da, wo Gott wohnt, bei all ihren Unterschieden zusammengeschlossen in einem Bund. Nein, es ist nicht der neue gegenüber dem alten Bund. Es ist der eine Bund, mit dem Gott ein Ende macht den Bündnissen, die gegeneinander gerichtet sind. Der eine Bund, in den nach den Juden auch Christen, Moslems und Hindus und Buddhisten einbezogen sind. Zusammengeschlossen mit Gott, der mit ihnen unterwegs ist zum Frieden. Denn den müssen wir alle doch erst noch lernen, den Frieden: nämlich vom Guten im Menschen nicht nur träumen, sondern es praktisch zum Leuchten bringen - so zum Leuchten, dass das Böse gar nicht mehr zur Geltung kommen kann und von selbst verschwindet. Und über das, was Menschen zum Frieden bringt und zufrieden macht, geht diese Bewegung sogar noch hinaus: die ganze Schöpfung bezieht sie mit ein und zielt darauf ab, dass wir unsererm Auftrag, die Schöpfung zu achten und zu bewahren, endlich gerecht werden.

Natürlich weiß ich: es geht in dieser Welt ganz anders zu. Aber davon reden wir schon genug. Wichtiger ist doch: dass da noch eine ganz andere Welt in uns schlummert. In unseren Träumen und Sehnsüchten wird sie wach. In dem, was uns zu Tränen rührt oder auch zu heiligem Zorn reizt, kommt sie zum Vorschein. Warum? Weil da wohl einer ist, der sie allem Augenschein zum Trotz lebendig halten will in uns. Offenkundig hat er noch was mit ihr vor - mit der Welt in uns, die zu ihm passt. Dafür stehen mir zum einen diese alten Prophetenworte, um die es nie wieder ruhig geworden ist. Und dafür steht mir die Geschichte von dem Kind in der Krippe. Sie passt zu dem Gott, der unter uns wohnen will. Offenbar wartet er nicht, bis auch wir so weit sind, sondern fängt schon mal an, ganz menschlich, so wie er uns alle haben will. Ob er's schafft? Unterwegs ist er jedenfalls. Amen.

Die Hirten kehrten wieder um und?

Lukas 2, 15-20_

Liebe Gemeinde!_

"Als nun die Engel von ihnen gen Himmel gefahren waren" - trifft das nicht genau die Stimmung von heute morgen? Der warme Glanz der letzten Nacht, die Lieder, die Bilder vom offenen Himmel, die Botschaft von Friede auf Erden und Gutem für die Menschen - all das liegt hinter uns.
Und heute morgen sieht alles - auch hier in der Kirche - viel nchterner und alltäglicher aus. Gut, dass wir die Festtage noch haben, aber die Spannung ist raus. Alles wird seinen normalen und ganz und gar unhimmlischen Gang weiter gehen.

Bei den Hirten war es nicht anders. Der Himmel hatte sich zugetan, der Glanz war verloschen, Dunkel und Müdigkeit hatten sie wieder, zu hören war nur noch das Blöken der Schafe und in der Ferne das Heulen der Hyänen.
Doch für sie ging nicht alles seinen normalen Gang weiter. Am Ende waren sie Menschen, die Gott priesen und lobten, Menschen, die mitten im Alltag im Zeichen des Himmels standen, Wie ist es dazu gekommen, dass die Ernüchterung nicht in den normalen Umgangston auslief, ins Schimpfen und Fluchen gar, sondern in ein Leben mit einem neuen Grundton, dem ton der Freude über Gott. Warum ging das?
Weil die Hirten es nicht dabei bewenden ließen, sich erstaunt die Augen zu reiben und zu murmeln: War ja ganz schön dieser Traum von den den Engeln. Das braucht man auch mal, sich so in eine Welt versetzen zu lassen, in der alles friedlich und gut ist, wo Gott uns ganz nahe kommt und unser kleines Leben sich weitet. Eigentlich schade, dass man so was nicht ein bisschen festhalten kann. Aber was soll's. Das Leben geht weiter und man muss es nehmen, wie es kommt. Nein, die haben sich eben nicht dem üblichen Gang der Dinge überlassen, sondern sind selber in die Gänge
gekommen, haben sich schleunigst aufgemacht, um zu sehen, was dran ist an dem, was sie gehört hatten. Und ich meine, wir sollten mitgehen, um herauszukriegen, was dran ist an der Weihnachtsgeschichte, die wir so gut kennen wie keine andere Geschichte in der Bibel. Hat die wwirklich etwas zu tun mit dem Leben, wie wir es kennen, ist davon sogar etwas zu sehen?

"Und sie kamen eilends und fanden beide, Maria und Joseph, dazu das Kind in der Krippe liegen." Eine Frau, ein Mann - noch nicht mal ordentlich verheiratet, auch die

Vaterschaftsfrage nicht geklärt, bisweilen heute auch nur eine Frau alleinerziehend, dazu auf der Durchreise ohne feste Bleibe - von wegen heilige Familie! Maria und Joseph sind auch heute noch zu finden, wo so vieles aus dem Ruder läuft und in Bewegung ist. Und das Kind, hilflos, wehrlos, nur selten in einer Krippe liegend - aber egal ob im Pappkarton oder in der Seidenwiege - jedes Menschenkind ist wie das Krippenkind ganz und gar darauf angewiesen, dass Menschen da sind, die sich seiner annehmen, damit es wachsen und sich entwickeln kann. Im Jesuskind und denen, die für es sorgen, sollen sich alle Menschen wieder erkennen können - auch die ärmsten, deshalb der Stall und die Krippe. Gott kommt zur Welt, wie Menschen auch heute noch zur Welt kommen. Da ist er zu finden. Da, wo nichts zu sehen ist von von überirdischem Glanz, keine überzeugenden Errungenschaften, keine imponierenden Leistungen, auch keine religiösen Rituale, Traditionen, Gebete, Meditationsübungen - nichts davon. Eine Frau, ein Mann, ein Kind - weltlicher, alltäglicher gehts nimmer. Und genau so kommt Gott in die Welt, genauso kommt er in unser Leben, genauso ist er schon lange drin.

Doch wir haben nichts davon, dass Gott mit uns zur Welt gekommen ist, wenn uns das nicht gesagt wird. Nur das Leben, wie es beginnt, zu sehen hilft nicht, wenn nicht das Wort "Euch ist heute der Heiland geboren!" dem Gesehenen Sinn und Verstand gibt: "Als sie es aber gesehen hatten, breiteten sie das Wort aus. das ihnen von diesem Kind gesagt war." Das Wort, dass Gott zur Welt kommt in einem Kind, das will nicht einfach nur zur Kenntnis genommen, das will ausgebreitet werden - ausgebreitet, wie man einen Teppich ausbreitet. Da bleibt der Boden nicht, wie er ist, sondern erhält ein neues Gesicht. Und wo das Wort "Gott ist auch in dir und mit dir zur Welt gekommen" ausgebreitet wird, da erhält dein Leben, so unbedeutend und kümmerlich es auch aussehen mag, ein neues Gesicht. Das Gesicht eines Lebens, an dem Gott sein Wohlgefallen hat, auch wenn da nichts ist, womit du dich hervortun kannst. So kommst du ohnehin in diese Welt und so gehst du aus ihr. Und Gott kommt und geht mit. Und was dazwischen liegt - an Heranwachsen, Zustandebringen, Selbstbewusstsein, aber auch an Nichtkönnen und Versagen, Traurigkeit über entgangenes Leben - daran nimmt er teil und wartet darauf, dass du ihm glaubst. Wartet darauf, dass du dir sein Wohlgefallen zueigen machst, dass du den Teppich seines Wohlgefallens ausbreitest über dem, was dich eingebildet oder mutlos macht. Was dich erlöst, was dich lösen kann von dem Bann, den Augenschein und die Meinung anderer Menschen über den Wert deines Lebens entscheiden zu lassen - das ist der Glaube, dass Gott das ganz anders sieht und er dich in seiner Nähe und in seinem Reich haben will.

Darum ist das eine Kind von Bethlehem in der Krippe so wichtig, darum ist es der Erlöser, weil es Gott gegenüber immer ein Kind geblieben ist bis zum Ende und seine Mitmenschen mit hinein genommen hat in seinen Glauben an den Vater unser im Himmel, der auch auf Erden ist, mich kennt und will, dass ich hier bin. Und nur der Glaube war es, der es ihm ermöglicht hat, leidenden Mitmenschen zu helfen, sie aus ihrer Erstarrung zu lösen und sie unter dem offenen Himmel des Wohlgefallens Gottes leben zu lassen.

"Und die Hirten kehrten wieder um, priesen und lobten Gott fr alles, was sie gesehen und gehört hatten, wie denn zu ihnen gesagt war." Sie kehrten zurück in ein Leben, das alles andere als befriedigend war, von den meisten verachtet wurde, das in der Welt der Schriftgelehrten und Theologen nichts zu suchen hatte. Aber sie kehrten zurück als Leute, denen sich der Himmel geöffnet hatte, voller Dankbarkeit dafür, dass sie Gott lieb und teuer waren. Weihnachten erträgt es, dass der Alltag auf uns wartet. Dass der Friede auf Erden sich kaum halten lässt. Dass unsere guten Vorsätze so rasch an der Wirklichkeit scheitern. Dass ein Jahr kommt, das wenig Gutes verheisst. Der Jubel der Weihnachtslieder muss davor nicht verstummen. Und wir tun gut daran, sie mitzunehmen, sie wie Maria in unserem Herzen zu bewegen, sie zu summen oder zu brummen, damit wir nicht vergessen, wes Geistes Kinder wir sind. Amen.

Menschenskind und Gottessohn

Galater .4,4-7

Liebe Gemeinde!

Nach der heiligen Nacht befinden wir uns am 1. Festtag unversehens am Ende der Weihnachtsgeschichte: Die Engel sind schon wieder im Himmel verschwunden, und auch die Hirten kehren wieder um. Sicher, sie lobten Gott für all das, was sie gehört und gesehen hatten. Doch sie kehrten wieder um zu ihrer Arbeit bei den Schafen. Die Geschichte nimmt wieder ihren gewohnten Lauf. Und der ist nun wirklich nicht erfreulich. Denn der Geburt des Kindes, das die Welt retten soll, folgt nur zu bald der von höchster Stelle befohlene Kindermord. Und kein Engel ist zu sehen,der dem Morden ein Ende macht, weder damals noch heute. Und auch keine Empöring, kein Aufstand, keine Revolution von unten ausgehend von den Hirten, den Arbeitern und Bauern hat bisher den mörderischen Kriegen auf Erden ein Ende gemacht. Nein, auf Engel und Hirten ist am Ende der Weihnachtsgeschichte nicht mehr zu hoffen. Die Engel sind wieder im Himmel, und die Hirten sind wieder bei ihren Herden und alles geht wieder seinen gewohnten Gang.

Nur einer, nur Gott der Herr geht einen ungewohnten Gang, um in unserer mörderischen Weltgeschichte bei uns zu sein und bei uns zu bleiben bis ans Ende. Warum - wozu? Dem gehen die folgenden Sätze aus dem Galaterbrief nach, die der heutigen Predigt vorgegeben sind:

> *Als aber die Zeit erfüllt war, sandte Gott seinen Sohn, geboren von einer Frau Und unter das Gesetz getan, damit er die, die unter dem Gesetz waren, erlöste, damit wir die Kindschaft empfingen. Weil ihr nun Kinder seid, hat Gott den Geist seines Sohnes gesandt in unsre Herzen, der da ruft: Abba, lieber Vater! So bist du nun nicht mehr Knecht, sondern Kind; wenn aber Kind, dann auch Erbe durch Gott.*

"Geboren von einer Frau und unter das Gesetz gekommen" - das ist die Weihnachtsgeschichte auf den Begriff gebracht: geboren von einer Frau - wie jeder Mensch im Mutterleib gewachsen, von Anfang ab auf Fürsorge angewiesen und Rücksicht. Und da sich das unvergesslich einprägt – wie natürlich auch das Drama der Geburt und der frühkindlichen Erlebnisse – sind wir ein Leben lang verletzbar und empfänglich für Ängste und oft ganz unbegründete Sorgen und - natürlich für Zärtlichkeit und Liebe. Von einer Frau geboren - damit teilt Gott das Leben von Wesen, die sich immer schon in einem Leib vorfinden, den sie sich nicht aussuchen konnten genausowenig wie das Temperament und das Naturell, mit dem sie fertig werden müssen. Dass ich mein Äußeres manchmal gerne ganz anders hätte und ich mich selbst bisweilen überhaupt nicht leiden mag und doch nicht aus meiner Haut herauskomme, der Mensch, der ich gerne sein möchte, nicht loskommt von dem Kerl, den ich mit mir herumschleppe - Gott kennt das, hat das am eigenen Leib erfahren und kennt natürlich auch die Ambivalenzen - gegenüber der Mutter, starke Anhänglichkeit aber auch Widerstand gegenüber der Frau, ohne die ein Mensch gar nicht da wäre.

"Und unter das Gesetz gekommen" - wie jedes Menschenkind wächst er auf in einer Welt, die sich nicht nach seinem Willen und Geschmack richtet. Statt dessen ist sie von Ordnungen und Gesetzen bestimmt, die Gehorsam und Unterordnung verlangen. So hatte auch der Sohn Gottes dem Kaiser zu geben, was des Kaisers ist. Und auch wenn er ein Leben führte, das ziemlich frei war von den Zwängen und Konventionen einer bürgerlichen Existenz - einer geregelten Arbeit ging er als Wanderprediger ja nicht nach, war nicht abhängig von den Launen eines Chefs, den Erwartungen der Kunden und dem Druck der Konkurrenz - und doch bekam auch er die Gesetze einer von der Herrschaft des Geldes bestimmten Welt zu spüren. Da konnte er vor dem Mammon warnen, so viel er wollte: Er und die Seinen wurden und werden danach beurteilt, was bei der ganzen Sache denn rüberkommt. Und da mit der Nächstenliebe und der Barmherzigkeit kein Geld zu verdienen ist, wurde damit auch nie ernsthaft Politik gemacht - auch dann nicht, als die Kirche selber über weltliche Macht verfügte. Da wurde dann schnell die Trennung zwischen den beiden Reichen eingeführt: dem Reich des öffentlichen Lebens, in dem weiterhin das Gesetz von Geben und Nehmen, von Leistung und Lohn, von die Groáen fressen die Kleinen gilt, und dem Reich des Privaten, wo die Bergpredigt zu ihrem Recht kommen mag. Weil man, wie es heißt, die Welt mit der Ber□g□predigt nicht regieren kann. Das ist das Gesetz, unter das Gott in diese Welt gekommen ist und das bis heute in Gültigkeit steht.

Eigentlich hätte man von Gott ja genau das Gegenteil erwarten sollen, nämlich nicht, dass er unter das Gesetz kommt, sondern von oben über das Gesetz dieser Welt kommt, es außer Kraft setzt und die Verhältnisse so ordnet und ändert, dass Kriege aufhören und Gerechtigkeit einzieht. Doch vor den Verhältnissen, den Ordnungen und Gesetzen steht für Gott der Mensch. Den hat er lieb, und das will er ihm zueigen machen. Und so kommt er zu uns, so nah und so tiefgreifend, dass man ihn verkennen und mit uns verwechseln und zu dem Schluss kommen kann: Ein Mensch war er wie jeder andere, vielleicht ein besonders sozial eingestellter Mensch, an dem man sich hier und da mal ein Beispiel nehmen könnte. Das wars aber auch. Was soll und kann dir ein Mensch - aus weit zurück liegender Vergangenheit gar - helfen? Ja, ganz und gar Mensch war er - wie alle Menschen ausgeliefert dem, was uns als Schicksal und als gesellschaftliche Ordnung bestimmt.

Aber zugleich war er mehr, war ganz und gar durchdrungen von Gott, dem allein er die Ehre gab. Unter den Vorgaben der Geburt durch eine Frau und unter den Gesetzen seiner Zeit machte er deutlich: Gott ist es, dem ich mein Leben verdanke, der will, daá ich da bin und ihn von ganzem Herzen, von ganzer Seele und mit aller meiner Kraft liebe, alles aus seiner Hand annehme und es - unter den gegebenen Voraussetzungen - nach seinem Willen gestalte.

Und allein darin sah er seinen Auftrag, seine Mitmenschen mithineinzuziehen in sein Leben mit einem unendlichen liebevollen Gott. Sie freizumachen von dem Wahn, sie seien den Bedingungen ihrer Geburt und den Gesetzen ihrer Zeit nicht nur unterworfen, sondern sie gehörten ihnen auch wie Sklaven ihrem Herrn gehören. Nach dem Motto: Ich bin nichts anderes als das, was genetische Programmierung oder die Erziehung meiner Eltern aus mir gemacht haben. Oder: Was über mein Leben bestimmt, das ist meine Leistung, auf die ich verweisen kann, das Geld, das ich verdiene, das Ansehen, das ich genieße. Und dann natürlich die Gesundheit, die ich habe oder eben auch nicht habe. Uns freizumachen von diesen Götzen. Und uns freizumachen davon, uns auch Gott nach dieser Sklavennoral vorzustellen als den, der alles so will, wie es ist und der dem Menschen gibt, was er verdient.

Seit Weihnachten haben wir einen zutiefst menschlichen Bürgen Gottes an unserer Seite, der uns eröffnet: Du brauchst vor den Gegebenheiten des Lebens nicht zu buckeln. Du kannst dich ihnen stellen als einer, dem sie letztlich nichts zu sagen haben. Einer hat zu sagen, und vor dem brauchst du erst recht nicht zu buckeln, weil er dich annimmt als mündigen Sohn und mündige Tochter, die er zu seinen Erben eingesetzt hat, also zu Leuten, die sein Reich in Aussicht haben.

Und das Schönste an allem ist: Diese Feststellung: Ihr gehört zu Gott und die Zwänge dieses Lebens haben euch nichts zu sagen - sie hat Hand und Fuß. Zum einen natürlich darin, dass sie als leibhaftiger Mensch in diese Welt eingegangen ist. Und was machen wir mit dem garstigen Graben von zweitausend Jahren, der sich zwischen ihm und uns auftut? Der macht nichts. Denn wir bekommen mehr davon mit, als Geschichten von früher und ihre Deutungen heute sagen können. Gott sorgt dafür, dass der Geist der Sohnschaft, der Jesus durchdrungen hat, auch in uns lebendig ist und damit auch heute Hand und Fuß erhält. Denn wir widersprechen doch dem Diktat der Gegebenheiten und Zwänge unseres Lebens - wir widersprechen ihnen allein damit, dass wir beten: Vater unser - sei es in der geprägten Form hier oder in den vielen anderen Formen des vertrauensvollen Gebetes zuhause.

Das unscheinbare Vaterunser, das schon jedes Kind mitsprechen kann – es überwindet den Graben der Geschichte und den noch größeren Abstand zwischen Mensch und Gott und macht deutlich, was aus uns geworden ist: Aus Menschen, die den Erlöser, den Christus, dringend nötig haben, sind nun seine Schwestern und Brüder, sind Christen geworden - und Menschen vom Weibe geboren und unter das Gesetz gekommen, sind Töchter und Söhne des lebendigen Gottes. Amen.

Fröhlich soll mein Herze springen

Lied: Fröhlich soll mein Herze springen (EG 36)

Liebe Gemeinde!

Also, das ist ja schon 'n Ding, das wir uns hier erlauben. Innerhalb von 48 Stunden ist das der 6. Gottesdienst. Vier am Heiligabend bis spät in die Nacht, gestern morgen gings schon weiter und nun noch mal wieder.

Warum das Ganze? Wenn es nur - wie mans unseren Gottesdiensten ja oft vorhält - um den Kopf ginge, um die eine oder andere Grundwahrheit, die es sich zu Weihnachten wieder einzuprägen gilt, da hätten wir es getrost belassen können bei den drei Christvespern am Heiligabend. Das Weihnqachtsevangelium gehört, gecheckt, abgespeichert - und dann noch'n paar ruhige Tage.

Sicher, so kann man Weihnachten feiern, die meisten tuns's ja auch so. Aber Weihnachten will mehr, will nicht nur den Kopf belehren, sondern die Herzen in Bewegung bringen - und das geht nun mal nicht im Schnellgang. Das Herz braucht Zeit und Übung, eh es so richtig an zu klingen, zu singen und zu schwingen anfängt. Deshalb ist Weihnachten auf Wiederholungen angelegt:der eine Abend und die zwei Feiertage - eingerichtet von Leuten, die viel von der Dynamik des Herzens verstanden haben.

Darauf will ich mich auch als Prediger einstellen. Ich will die singende, im Herzen in Bewegung geratende Gemeinde nicht am liebsten gar nicht unterbrechen, sondern zum beherzten Weitersingen animiert.

Darum möchte ich Ihnen in der Predigt eines der schönsten Weihnachtslieder entfalten und es dann abschnittsweise mit Ihnen durchsingen. Seien Sie doch so freundlich und schlagen Sie das Lied Nr. 36 in Ihrem Gesangbuch auf, damit Sie es jetzt vor Augen haben.

"Fröhlich soll mein Herze springen". Ein Lied, das mit seiner langsam beginnenden, dann ins Springen kommenden und am Ende vor Freude fast berstenden Melodie wahrhaftig mitzureißen vermag.

Ja auf, liebes Herz, und nimm endlich wahr, was die Stunde geschlagen hat. Da ist die Luft voller Engelsgesang - und du hast dich aufs Überwintern eingestellt! Und wenn du „Engelgesang“ hörst - dann frag nicht erst neunmal klug: Wie denn, wo denn? Oder meinst du, all die zauberhafte Musik in diesen Tagen, die sogar durch die Ätherwellen, sprich Radio, geht, es gäbe sie, wenn mit der Geburt des Christus nicht eine überirdische Freude in die Welt gekommen wäre? Und nun hör dir an, liebes Herz, was diese Freude auslöst und ob das nicht etwas auch für dich ist!

Strophe 2:

Heute - und seit Weihnachten hat dieses Heute nicht aufgehört - heute geht der Christus, der Gottesheld, der Langerwartete aus seiner Kammer - das heißt: er ist nicht mehr länger für sich, schließt die Tür nicht ab vor uns. Gott und Menschheit leben nicht länger in zwei Kammern oder zwei Stockwerken, schon gar nicht zwei Welten. Damit werden wir herausgerissen aus dem Jammer eines gitt-losen Lebens. Denn Gottes Kind verbindet sich nicht nur mit unseren feinen Ideen und dem, was die Esoteriker mit verklärten Augen rumlaufen lässt. Nein, er verbindt sich mit unserem Blute, das so leicht in Wallung gerät, das vor Erschrecken stockt und uns die Schamröte ins Gesicht zu treiben vermag, das bei den meisten gefährlich viel Druck und Ängste standhalten muss. Hier bis in die Tiefen unserer Existenz, unseres leiblichen Lebens und Sterbenmüssens sind wir mit Gottes Kind verbunden.

Strophe 3:

In der Tat, wie sollte er uns hassen könne - obwohl es ja eigentlich nicht zu fassen ist, dass Gott sich nicht schon langst enttäuscht abgewendet hat von seinen unzuverlässigen Geschöpfen - und wo es doch oft wirklich so aussieht, als habe er sich abgewandt und kümmere sich nicht um das Unrecht, das hier auf Erden bis in unsere Häuser hinein geschieht. Und wer da verzweifelt schreit: Warum? - den kann man nur auf den Gott weisen, der sein Bestes, seinen Stolz, sein Kind losgibt, damit wir einen haben, mit dem wir dem Leid begegnen können. Gott gibt mehr als Antworten auf die Frage nach dem Warum - er gibt sein Bestes, sein Kind, sich selbst. Unbegreiflich, in der Tat, aber gerade deshalb so tröstlich! Wir singen die Strophen 1 - 3.

Strophe 4:

Er kommt unserm Leid zu wehren - nicht etwa mit der Parole Ich mache kaputt, was euch kaputt macht, denn dann ginge das Leidenweiter. Der Teufelskreis von Angst, Aggression und Gewalt setzte sich fort. Statt dessen macht er sich zum Lamm, nimmt auf sich, wovor wir uns am meisten fürchten: den Tod, das undenkbare Nichts und handelt uns damit ein, was wir in Leiden und Tod nie vermuteten: Gnade und Freundlichkeit Gottes. Es gibt nun nichts in der Welt, keine Schändlichkeit, keinen Schickalsschlag, keinen Tod, wo wir es nicht mit dem Gott zu tun bekommen, der Gnade erweist, Frieden schafft.

Strophe 5:

Nun er liegt in seiner Krippen - hat alles preisgegeben, was ihn mit Gottes Macht und Ehre verbindet, ist ganz ausgeliefert an das was den Menschen klein, krank und unglücklich machen kann. Bei ihm aber ist das kein Schicksal, das er tragen muss immer mit der Frage: Warum gerade ich? Nein, bei ihm ist dieses Ausgeliefertsein freiwillig übernommen, um uns nah sein und anreden zu können: Lasset fahrn, o lieben Brüder... Wenn unser einer das sagen würde zu einem, der nicht damit fertig wird, dass ihm etwas genommen wurde: Lass fahren dahin. Da würde es zu Recht heißen: du hast gut reden, sei du erstmal in meiner Lage! Dieser aber, Jesus, war in der Lage, hat Verlust und Qual im Leben bis zum Letzten durchlitten: Und wenn einer, dann kennt er die Sehnsucht nach einem gelingenden und erfüllten Leben, Und bei Gott ist er in der Lage. für uns am Ende alles zum Guten zu wenden. Wenn er sagt; Lasset fahrn, ich bring alles wieder, dann ist das eine Zusage, in die die unter Druck Lebenden sich aufatmend hineinflüchten können. Und wer das im Augenblick nicht kann, für den bleiben diese Worte, die sich kein Mensch einfach ausdenken und noch weniger einlösen kann, doch erhalten für die Zeit, in denen sich im Inneren doch etwas öffnet.

Strophe 6:

Ei, so kommt, lauft; bleibt nicht von weitem stehen, Kommt mit, andere sind auf dem Weg und zwar in großen Haufen - es sind mehr als du denkst, die Jesus brauchen und ihm ihre Liebe zeigen, sich ihm öffnen, damit seine Liebe bis in die letzten Ecken ihres Lebens eindringt und sie, uns hell und getrost machen kann! - Wir singen dieStrophen 4 - 6

In den Strophen 7 - 9 spricht Paul Gerhardt diejenigen unter uns an, die nicht mitlaufen möchten in den großen Haufen, Die lieber für sich sein möchten,

- weil sie in großem Leid schweben und die Füße einfach nicht an die Erde kriegen, sich selbst und ihr Leben überhaupt nicht im Griff haben; das müssen und dürfen andere ja nicht mitkriegen – Strophe 7
- weil sie in Gewissensnöten und über sich selbst verzweifelt sind und denken: Mir kann keiner helfen - Strophe 8
- oder weil sie sagen: in den großen Haufen achtet doch ja sowieso niemand auf mich, weil ich ja nichts vorzuweisen habe und mit leeren Händen erscheine; bei Jesus wirds mir nicht anders gehen, was soll der schon mit mir anfangen - Strophe 9.

Ihr müsst gar nicht mitlaufen, braucht nichts zu tun, was euch belastet, Ihr habt ihn ja schon längst drin in euerm Leben.

- Er selbst ist die Tür (7), die die Trauer öffnet und den Blick auf eine Freude freigibt, die aus der Welt Gottes kommt und vom Kreuz deines Lebens nicht mehr überschattet werden kann.
- Und wer meint, ich hab mir selber alles verdorben und komm nicht mehr an gegen meine Schuld (8): In der Krippe liegt, am Kreuz hängt er, der dich in Eile - jetzt gleich – heilmachen kann, weil er das Gift aus deinen Wunden zieht, das Gift der Selbstverachtung und der Verzweiflung. Wer bist du, dass du dich aufgeben kannst, wenn Gott selbst doch Wert auf dich legt!
- Und ihr, die ihr meint, unter all den anderen ja doch nichts vorweisen zu k"nnen - bedient euch bei Jesus, gerade wenn es euch an Glauben und an Selbstvertrauen fehlt. Du brauchst keine Leistungen und du brauchst auch keinen Glauben, der die Widersprüche des Lebens löst, du brauchst auch keine Worte, mit denen du andere beeindrucken kannst – du brauchst nur auf ihn zu zeigen: er ist mein Schmuck und mein Schatz. Mit ihm kann ich mich wohl sehen lassen!

Wir singen die Strophen 7 - 9.□

Unser Lied endet als Gebet. Seht, darauf läuft alles hinaus - das fröhliche Springen des Herzens, das Kommen und Laufen, das Finden und Ergreifen der vorangegangenen Strophen - auf die schlichte Hinwendung zu Jesus selbst. Alles Reden über ihn, alles Argumentieren und Predigen, alles Musizieren und Singen ist nur sinnvoll, wenn es zum Reden mit ihm führt, zu einem Reden voller Staunen und Dankbarkeit und einer unbändigen Hoffnung. So lasst uns singen und beten! Amen.

Wer mag wider uns sein?

Römer 8,32b-39

Liebe Gemeinde!

"Ist Gott für uns, wer mag wider uns sein!?" So haben wir es eben in der Lesung aus dem Römerbrief gehört. Und wir haben das aufgenommen mit unserm Lied: "Es mögen euch viel fechten an: dem sei Trotz, der's nicht lassen kann!" Peng! Ja, so wünsche ich mir die Christen: mit hoch erhobenem Haupt, heißem Herzen, flatternden Fahnen und kämpferischen Liedern Stellung beziehen gegen alles, was sich neunmalklug und dummdreist gegen Religion und Glauben aufspreizt und die Christen mit ihren Kirchen in unserem ach so aufgeklärten Land als Auslaufmodell belächelt. So aufgeklärt ist dieses Land, dass es als Glücks- und Hoffnungsträger das Schwein vor sich herträgt!

Doch meist sind es die leisen Töne, die - wenn überhaupt - von Christen zu hören sind. Gerade auch an einem Abend wie diesem, an dem der Blick zurück geht. Sicher, da gibt es vieles, wofür wir dankbar sein können. Darüber haben wir uns auch schon gebührend ausgetauscht in dem, was wir einander zu Weihnachten in Briefen aller Art, Karten, Telefonaten mitgeteilt haben.

Doch das, was da wider uns gewesen ist und auch bei noch so viel Gottvertrauen nicht kleiner geworden ist: Das gehürt ja auch zu diesem Jahr, selbst wenn wir es aus Jahresbilanzen lieber herausgelassen haben: Krankheiten, die nicht besser werden; die Sorge um Menschen, die dem Leistungsdruck nicht gewachsen sind und die oft schon in jungen Jahren ohne Perspektive leben müssen; die Mühen mit dem Älterwerden, von denen keiner etwas wissen will; gar nicht zu reden von der beängstigenden Unfähigkeit der Großen in der Welt, die Erderwärmung unter Kontrolle zu bringen und etwas gegen den Hunger zu tun, den wir uns mit dem Abschotten der Grenzen auf Dauer nicht vom Leibe halten werden.

Dazu kommt die Trauer um Menschen, die uns genommen wurden und mit denen wir ein Stück von uns selbst verloren haben. Der Tod, der altböse Feind, sorgt allein schon dafür, dass mutige Kampflieder schnell wieder unter uns verstummen.

Wer mag wider uns sein? Unendlich vieles, lieber Paulus, mag wider uns sein und uns bedrohlich auf den Leib rücken. Wer will die Auserwählten Gottes beschuldigen? Wer will verdammen? Auch das sind doch ernsthaft keine Fragen, lieber Apostel. Was ist denn schon Großes bei zweitausend Jahren Christentum herausgekommen, wenn die einzelnen Christen mit den Nöten des Lebens um keinen Deut besser zu Rande kommen als andere

und wenn die Menschheit im ganzen von einer gerechten Weltordnung weiter entfernt ist denn je!
Nun war der liebe Paulus alles andere als ein naiver Schwärmer. Er kannte das, was die Menschen klein macht, noch viel besser bzw. viel schmerzhafter als wir. Und er zählt das alles unter dieser triumphierenden Überschrift "Wer mag wider uns sein?" ja auch erschöpfend auf: Trübsal, Angst, Verfolgung; Hunger, Blöße, Gefahr, Schwert - also alles, was Menschen von innen und außen kaputt macht. Und wie kommt er, der das alles noch viel brutaler zu spüren bekommen hat als wir - wie kommt er dazu, das dennoch trotzig und kämpferisch in Frage zu stellen?

Er beruft sich auf Gott. Doch ganz anders, als andere Religionsgrößen es tun. Die einen, indem sie mit dem Zorn Gottes drohen: Wartets nur ab, ihr Menschen. Gott wird sich das nicht mehr lange gefallen lassen, und dann wird aufgeräumt. Doch kein Wort von dieser Drohbotschaft bei Paulus. Das hätte sich nach einer so langen Zeit ja wohl auch etwas abgenutzt. Was sich überhaupt nicht abgenutzt hat, ist das, was und in esoterischen Kreisen und von den Liebhabern fernöstlicher Religionen mit wachsdender Begeisterung propagiert wird: Sie bringen Gott ins Spiel als eine spirituelle Kraft im Menschen, die es in Mystik und Versenkung zu entdecken und dann entschlossen zu üben und zu trainieren gilt. Und je weiter du voran kommst auf diesem Weg, desto weniger vermag dieses Leben mit seinen Widrigkeiten dich zu berühren. Auch davon bei Paulus kein Wort. Obwohl er. was spirituelle Kompetenz angeht, es mit einem Guru durchaus hätte aufnehmen können.

Paulus geht einen ganz anderen Weg. Er bringt Gott mit dem Menschen zusammen, der seinen Mitmenschen den Gott Israels als liebevollen Vater nahe gebracht hat. Und Paulus hört nicht auf mit dem, was Jesus gelehrt und getan hat. Er bringt auch das mit Gott in Verbindung, dass Jesus gelitten hat und einen gewaltsamen Tod gestorben ist. An sich ist der Tod am Kreuz für einen Mann wie Jesus eine furchtbare Katastrophe. Sieht es doch so aus, als sei Jesus mit seiner Botschaft gescheitert und als habe Gott nun wirklich nichts mit ihm zu tun.
Aber was wäre denn gewesen, wenn Gott Jesus vor dem gewaltsamen Tod bewahrt hätte und wenn Jesus in Frieden und Ehren alt und lebenssatt gestorben wäre? Stecken geblieben wäre Gott mit seiner Liebe. Er wäre nicht hinausgekommen über die Menschen, die gut sind und denen es gut geht, Doch das passte nicht zu dem Gott, für den Jesus gelebt hat. Für den wollte Jesus einstehen bis in die Tiefen des Lebens. Und Gott hat ihn davor nicht verschont, weil seine Liebe bis dahin reicht, wo Menschen am Ende sind. Den

Mördern Jesu hat er sich dabei nicht gewaltsam in den Weg gestellt, stellt sich keinem Gewalttäter in den Weg. Im Unterschied zu uns Menschen, die Gewalt mit Gewalt in Schach halten, aber nicht verhindern können, dass Aggressivität und Angst immer weiter gehen. Anst nehmen, der Aggressivität den Boden entziehen, das kann allein die Liebe. Und weil sie Gottes Sache ist, wird sie sich letztlich durchsetzen gegen das, was Menschen kaputt macht. Darum das triumphierende: Ist Gott fü uns, wer mag wider uns sein?

Ein Triumph, der nicht auf die stärkeren Bataillone setzt. die stehen alle gegen uns. Aber darauf, dass sie nichts mehr zu sagen haben, wenn die Liebe Gottes die Welt und unser Leben neu zu schaffen beginnt. Er ist schon dabei. Zwar liegt die Welt noch ganz im Schatten des Todes und davon ist auch die Stimmung eines solchen Abends und der Grundton so vieler christlicher Lieder geprägt. Aber zugleich leben wir doch davon, dass wir nicht loskommen von dem Mann aus Nazareth. Wer könnte der Anziehungskraft seiner Seligpreisungen widerstehen? Und wen lässt es kalt, dass dieser unglaublich begabte Mann nichts anderes sein wollte als der Sohn, der all sein Vertrauen auf den lieben Vater im Himmel setzt Auch das kommende Jahr wird im Zeichen dessen stehen, der sagt: "Euer Herz erschrecke nicht. Glaubt an Gott und glaubt an mich." Amen.

Was uns zu Königen macht

Anlass: Abschluss der ökumenischen Sternsingeraktion

Matthäus. 2,1-12

Liebe Gemeinde!

Die Geschichte von den Weisen aus dem Morgenland - es ist eine Geschichte mit Fortsetzung geworden, der letzte Teil hat sich gerade in den Mauern dieser Stadt abgespielt.

.

Nun halt mal die Luft an - könnte mich jemand unterbrechen. Da ist doch ein unübersehbarer Unterschied zwischen den Leuten aus dem Morgenland damals und den Sternsängern vor deiner Tür!? Hier weise Männer, also weitgereiste und welterfahrene Erwachsene, und dort Kinder, denen es Spaß macht, mal ein paar Tage König zu spielen. Auf den ersten Blick hast du Recht, würde ich zugeben. Es sieht tatsächlich so aus, als habe

die ernsthafte Suche, auf die sich die weisen Männer damals gemacht haben, gar nichts zu tun mit dem Zug der verkleideten Kinder durch unsere Straßen. Aber wer erlebt hat, wie eifrig und ernsthaft sie bei der Sache sind, mit welcher Beharrlichkeit sie sich einsetzen für hungernde Kinder, wer dass erlebt.ar, dem ist klar: Da ist noch ganz was anderes im Spiel als der Spaß am Verkleiden und mit anderen etwas ungewöhnliches zu erleben. Und um diesem Geheimnis auf die Spur zu kommen, möchte ich mir die Geschichte und den Weg der weisen Männern doch noch mal näher ansehen und gucken, ob sie nicht tatsächlich zu den königlichen Kindern bis hinein in unsere Kirche führt.

Könige waren sie nun sicher nicht, die Männer in der Geschichte. Aber sie waren auf der Suche nach einem königlichen Kind. Von weither aus dem Osten kamen sie, wo die Gelehrten gewohnt waren, den Lauf der Weltgeschichte mit dem Lauf der Sterne in Einklang zu bringen und die Geschichte hier unten auf der Erde von dem her zu verstehen, was sich dort oben am Himmel bewegt. Und da hatten sie mitgekriegt: Im Land der Juden muss etwas ganz besonderes passiert sein - da muss ein König geboren sein. Und zwar nicht irgendein König, sondern der König, der Frieden unter die Völker bringt und Gerechtigkeit, ein König, der den Himmel, der Gott selbst auf die Erde bringt. Sodass man ihn nur anbeten kann.

Könige waren sie nicht - aber am Hofe des Königs in Jerusalem begegnen wir ihnen mit ihrer Frage: Wo ist der neugeborene König der Juden? Eine Frage, die den herrschenden

König Herodes natürlich erschrecken musste. Denn diese Männer aus der Fremde scherten sich offenbar gar nicht darum, dass er doch der König der Juden war! Und was für einer! Herodes der Große wurde er genannt, weil er es verstanden hatte, sich mit den römischen Oberherren zu arrangieren und seinem Land eine beträchtliche Selbständigkeit zu erhalten. Überall hatte er sich den Erwartungen der Mächtigen und der Einflussreichen Römer geschickt angepasst: Zu Ehren des römischen Kaisers errichtete er mehrere Tempel, dem Unterhaltungsbedürfnis der Gebildeten diente er mit Theatern, und für die frommen Juden in seinem Land baute er den Tempel in Jerusalem prachtvoll aus. Kritiker, Neider und Konkurrenten hatte er auf grausame Weise beseitigt. Denn nichts war ihm wichtiger, als seine Macht zu erhalten und abzusichern. Das war doch das Beste für seine Untertanen, so meinte er, dass sie einen so erfolgreichen Politiker wie ihn hatten und die, die er dann später zu seiner Nachfolge bestimmen würde.
Und nun kamen diese Ausländer, ließen sich nicht blenden weder von der Größe der uneinnehmbaren Festung, in der Herodes residierte, noch von der Ehrfurcht seiner Untertanen. Statt dessen taten sie, als gäbe es ihn schon gar nicht mehr und fragten nach dem neugeborenen König, nach dem,der nicht erst warten oder sich durchboxen muss, um schließlich mal König zu werden, nein, einer der es von Geburt an ist, weil er von Gott selbst kommt, um Gottes Reich aufzurichten auf Erden. Dann - so ist Herodes klar - wäre es vorbei mit seiner Herrschaft. aber wer weiß, was dran ist an diesem Gerücht. So ließ er seine Theologen zusammenkommen, die Bibelkundigen, um von ihnen zu hören, wo der Friedenskönig denn geboren werden soll.
Und die finden das auch in der Bibel: In Bethlehem soll er geboren werden. In einem kleinen Nest, weil Gott es liebt, mit dem Großen klein und unscheinbar anzufangen. Nun wissen sie es, der König und seine Theologen. Aber keiner geht los, um mit den Leuten aus dem Osten diesen wunderlichen Sternguckern zu suchen. Die Leute würden doch den Kopf schütteln, wenn der König sich an der Suche nach einem neugeborenen König beteiligte. Damit würde er ja zugeben, dass er nicht mehr von seiner eigenen Herrschaft überzeugt war. Und die Theologen - die, mich eingeschlossen, stehen glaube ich immer in der Gefahr, ihr Wissen, ihren Glauben nicht konsequent umzusetzen und den Zeichen für das Kommen Gottes zu folgen. Wir sind immer in der Gefahr, uns lieber festzusetzen bei denen, die alles beim Alten belassen möchten.

So haben sie die wunderlichen Männer aus dem Osten ziehen lassen – die Theologen werden gedacht haben: diese Spinner werden sowieso nichts finden. Und der König war entschlossen: wenn die was finden, werde ich das auf meine Art erledigen. Und die

Männer aus dem Osten ließen diese Art von Herrschaft hinter sich, die uneinnehmbare Burg mit dem König, dem jedes Mittel recht war, um seine Macht zu erhalten, und den Experten, die es bei ihren Forschungen bewenden ließen. Sie setzten ihre Suche fort, und Gott hat Mittel und Wege, die nach ihm Suchenden zum Ziel zu führen. Und wie die Männer aus dem Osten so tun wir gut daran, auf der Suche zu bleiben und dem Stern, der uns aufgegangen ist, zu folgen. Dem Stern, der sagt: Es bleibt nicht alles, wie es ist. Du wirst finden, wonach du suchst - den Ort, an dem du auflebst und dein bestes geben wirst. Diesem Stern des Lebens, der bei jedem von uns anders aussieht, gilt es zu folgen, auch wenn andere, die es doch viel besser wissen müssten, zurückbleiben, weil sie ihre Ruhe haben wollen und mitleidig lächeln über die, die mehr vom Leben erwarten als das, was man kaufen und verdienen kann.

"Und siehe, der Stern, den sie im Morgenland gesehen hatten, ging vor ihnen her, bis er über dem Ort stand, wo das Kindlein war. Und als sie den Stern sahen, wurden sie hocherfreut und gingen in das Haus und fanden das Kindlein mit Maria und beteten es an und taten ihre Schätze auf und schenkten ihm Gold, Weihrauch und Myrrhe" - und da werden sie zu Königen. Zu Königen, die teilhaben wollen an der Macht Gottes, die sich in einem wehrlosen Kind dieser Welt ausliefert und ganz und gar gewaltlos bleibt. Die sich nicht wehren kann, als wenige Tage später die Schergen des Königs Herodes kommen, um die Neugeborenen des Ortes zu töten - eine Macht, die darauf angewiesen ist, dass man sie in Schutz nimmt, mit ihr flieht und sie durchbringt. So finden sie Gott und das macht sie zu Königen, dass sie ihn gar nicht anders haben wollen, dass sie vor diesem wehrlosen Gott auf die Knie gehen, an seiner Herrschaft teilhaben, indem sie mit ihren Schätzen etwas für sein Überleben tun.

Und das verbindet die Kinder, die vor vielen Türen gestanden haben mit ihren Kronen, mit dem Stern und dem, was sie geben können mit ihrem Singen, ihrem Liebreiz und ihrem ernsthaften und zu Herzen gehenden Engagement. Das verbindet sie mit den Männern aus dem Osten, die wir die Heiligen Drei Könige nennen: dass sie den Eifer für Gott verbinden mit der Sorge um Kinder in Not. Dass sie werben für die gewaltlose Macht Gottes, die immer im Kommen ist, wo wir in königlicher Freiheit uns ihrer annehmen. Und wer mit diesem Gott lebt, der hat die Krone des Lebens!

Amen.

Einbezogen in Gottes Bund mit seinem Volk

Liebe Gemeinde!

Ein reichhaltiges Festmahl zur Nacht, das die Juden bis heute Jahr für Jahr zur Erinnerung an die Befreiung aus Ägypten feiern - ein Mahl mit gebratenem Lamm, mit ungesäuertem Brot und vielen symbolischen Zutaten, die es so nur zu Pässach gibt, dazu Wein, viel Wein, auch noch nach dem Mahl - daraus wurde unser Abendmahl mit seinen beiden Elementen, die gerade noch die Andeutung einer Mahlzeit sind und mit einer anderen neuen Geschichte, die im Gedächtnis bleiben soll.

Doch nein, ganz neu war die Geschichte, die von der Einsetzung des Abendmahls erzählt und ihm den Charakter eines Sakraments verleiht - ganz war sie damals nicht. Knüpft sie doch an Gottes Bund mit seinem Volk an, indem der Kelch des Bundes den Teilnehmern gereicht wird. Von diesem Bund Gottes ist beim Abendmahl die Rede. Doch leider wird das eher verdeckt dadurch, dass in den Einsetzungsworten meist das alte lateinische Wort für Bund - nämlich Testament - beibehaalten wird, und dabei denkt man ja unwillkürlich an das Buch der Bibel. Und dann wird der Bund auch noch als neu, als neues Testament bezeichnet. Doch neu an diesem Bund, in den Christen beim Abendmahl einbezogen werden, ist nicht etwa, dass der den Juden vorbehaltene Bund mit Gott veraltet oder gar aufgehoben wäre. Neu daran ist, dass er in der Erinnerung an Jesus entschränkt, ausgeweitet wird auf alle Menschen, die - noch einmal: in der Erinnerung an Jesus - in Gottes Bund mit seinem Volk eingeladen und willkommen sind.

Die nichtjüdischen Bundesgenossen kommen aus einer Vielzahl von Völkern, die alle ihre eigenen Geschichten zu erzählen haben und die von je eigenen Kulturen, Weltanschauungen mit immer anderen Gottes- wie Menschenbildern geprägt sind. Aber eines verbindet dieses bunte Gemisch der Abendmahlsgäste in aller Welt: Der Gott, der sie alle in sein Herz geschlossen hat, sie alle haben will. Sie sind deshalb nicht nur Individuen – einmalig und unverwechselbar. Sie stehen bei allen Unterschieden auf einer Stufe, leben von einer Liebe und erfreuen sich deshalb derselben Grundrechte, ob sie nun in einer Verfassung aufgeschrieben sind oder nicht.

Und das Schöne am Abendmahl ist, dass dieses Verbundensein beim Begehen dieses Sakraments ganz unmittelbar zum Ausdruck kommt. Oft ist beim Gottesdienst - besonders in einer großen Kirche - viel Platz und Abstand zwischen den Besuchern. Jeder sitzt allein oder in kleinen Grüppchen und nimmt von den andern kaum Notiz, die bisweilen sogar nur als Störfaktor bei der eigenen Andacht auffallen. Doch beim Abendmahl wird sichtbar und erlebbar, wer wir vor Gott sind: Menschen, die aus den Bänken heraustreten, sich auf den Weg machen zum Altar und dort einen Halbkreis bilden. Einen Halbkreis, in dem sie einander ansehen, wahrnehmen mit ihrem je eigenen Aussehen, ihren Eigenarten und Unterschieden. Einen Halbkreis vor dem, der sie miteinander verbindet, vor dem, in dessen Namen sie alle das Gleiche bekommen: eine Oblate und einen Schluck von der Frucht des Weinstocks. Beides sichtbare und einverleibbare Zeichen dafür, dass da einer für uns da ist, mit seinem Leben bis zum letzten dafür einstand, dass Gott für uns ist und unser Sein sich seinem Für-Sein verdankt, unsere Existenz von der Proexistenz Gottes getragen und gehalten ist und der zwischen Gott und den Menschen bestehende Sund, die Kluft, die Trennung, die Sünde daran nichts ändern kann.

Und so lasst es uns wieder feiern das Mahl, das über eine Lebenskraft verfügt, die auch durch Leiden und Tod nicht geschwächt wird. Amen.

Was ist vollbracht?

Joh. 19,16-30

Liebe Gemeinde!

Ein Bann von Trauer und Ratlosigkeit liegt über dem Karfreitag. Nicht nur, weil es hier um das Töten und Sterben eines Unschuldigen geht. Dazu kommt die schier unlösbar erscheinende Frage nach dem Warum, nach dem Sinn dieses Todes. Warum ausgerechnet Jesus, der den grausamen Foltertod am wenigsten verdient hat? War er das Opfer eines Ränkespiels zwischen Römern und Priestern? Oder ist er das Opfer für unsere Schuld?

Aber ist Gott wirklich so, dass er ein Menschenopfer braucht, um uns vergeben zu können?

Vom Evangelisten Johannes wird die Frage nach dem Warum dieses Todes auf eine verblüffend einfache Weise beantwortet: Jesus ist am Kreuz gestorben, nicht weil er menschlichen Machtspielen zum Opfer gefallen Ist, auch nicht, weil Gott ein Opfer brauchte für unsere Schuld. Nein, Jesus ist ans Kreuz gegangen, weil er sein Werk, seine Arbeit, seine Lebensaufgabe genau so zu Ende bringen wollte. Deshalb sind seine letzten Worte keine Klage, sondern das schon triumphierende "Es ist vollbracht!"

Wer das sagt, der steht nicht am Ende eines unbegreiflichen und zutiefst absurden Leidensweges. Nein, das sind die Worte eines Menschen, der fertig geworden ist mit dem, was er sich vorgenommen und woran er gearbeitet hat. Dieses Kreuz macht keinen Strich durch ein Leben, das ganz andere Ziele verfolgte, sondern dieser Tod vollendet,
erfüllt alles, was Jesus vorher gewirkt und gelebt hat.

In seiner Kreuzigungsgeschichte entfaltet Johannes, was genau Jesus denn nun mit seinem Leben und Sterben vollbracht hat - in vier Szenen:

Szene 1:

> *Pilatus aber schrieb eine Aufschrift und setzte sie auf das Kreuz; und es war geschrieben: Jesus von Nazareth, der König der Juden. Diese Aufschrift lasen viele Juden, denn die Stätte, wo Jesus gekreuzigt wurde, war nahe bei der Stadt. Und es War geschrieben in hebräischer, lateinischer und griechischer Sprache.*
>
> *Da sprachen die Hohenpriester der Juden zu Pilatus: Schreib nicht: Der König der Juden, sondern dass er gesagt hat: Ich bin der König der Juden.*
>
> *Pilatus antwortete: Was ich geschrieben habe, das habe ich geschrieben....*

Hier wird ein Streit ausgetragen - ein Streit darüber, wer das letzte Wort haben soll: natürlich beansprucht das Pilatus. Mit seiner Inschrift will er den Juden eins auswischen:

Seht mal, so weit haben es die Juden mit ihrer Königswürde gebracht, dass wir, die Römer, die von ihnen so gehassten heidnischen Besatzer, darüber entscheiden können, wer bei ihnen König sein darf und wer nicht. Und da nehmen wir natürlich diesen Galgenvogel da.

Und die Hohenpriester, die jüdischen Oberen haben sofort begriffen, dass Pilatus sich mit dieser Inschrift über einen ihrer Grundwerte und über sie selbst lustig macht. Verständlicherweise sind sie empört und legen umgehend Protest bei ihm ein. Wenn du schon was schreiben musst, dann schreibe, dass er behauptet hat, der König der Juden zu sein. Damit wäre Jesus der Lächerlichkeit preisgegeben, aber nicht der den Juden so wichtige alte Königstitel. Pilatus aber setzt sich kraft seines Amtes durch: Was ich geschrieben habe, das bleibt da so stehen, basta!

Aber während die vermeintlichen Hauptakteure der Kreuzigung um das letzte Wort streiten, ist das vermeintliche Opfer dabei, den Titel "König der Juden" ganz neu und in den damals wichtigen Sprachen und damit für alle Welt verständlich zu füllen. Alle anderen Königstitel, einschließlich dem des gottgleichen römischen Kaisers, sie haben längst ihren Glanz und ihre Macht verloren. Dieser eine aber hat alle politischen Herrschaftssysteme überdauert: Denn dieser König hat nicht auf Herrschaft und Gewalt gebaut. Er war und ist mächtig darin, die Opfer aufzurichten. Und das, was auch die Mächtigsten fürchten, nämlich zu scheitern, zu unterliegen und leiden und sterben müssen, dem stellt er sich in königlicher Freiheit. Wo die Mächtigen sich ums letzte Wort streiten, da behält er es, der Gekreuzigte, weil er allein dem Tode und der Hölle etwas entgegenzusetzen hat: nämlich den lebendigen Gott. Das ist vollbracht!

Szene 2

:

Als aber die Soldaten Jesus gekreuzigt hatten, nahmen sie seine Kleider und Machten vier Teile, für jeden Soldaten einen Teil, dazu auch das Gewand. Das war Aber ungenäht, von oben an gewebt in einem Stück .

Da sprachen sie untereinander: Lasst uns das nicht zerteilen, sondern darum losen, wem es gehören soll. So sollte die Schrift erfüllt werden, die sagt (Psalm 22,19):

»Sie haben meine Kleider unter sich geteilt und haben über mein Gewand das Los geworfen.«

Das taten die Soldaten.

Vor den Augen des Sterbenden werden seine letzten Kleidungsstücke verteilt. Was will und kann der denn noch vollbringen, der festgenagelt zusehen muss, wie man sich unter die Nägel reißt, was dazu diente, ihn vor zudringlichen Blicken und zotigen Witzen zu schützen? Einen Menschen nackt in den Tod zu schicken - in den Bildern von Auschwitz hat sich das uns unauslöschlich eingeprägt -, das heißt, ihm den letzten Schutz, die letzte Würde zu nehmen, heißt ihn wie ein Stück Vieh behandeln. Und dazu wird auch noch gewürfelt, so als wollten die Soldaten sagen: Der Zufall regiert die Welt. Und du armer Teufel Jesus bist sein Spielball, weiter nichts. Heute du, morgen ein anderer: so ist das Leben!

Und doch: die Soldaten mögen würfeln, so viel sie wollen. Was auch immer dabei herauskommt, der Plan Gottes kann nicht überspielt werden. Was dort auf Golgatha geschieht, war schon längst in der Schrift angekündigt: dass sich einer im Namen Gottes der Mordlust, den Launen, dem Spiel der Schergen aussetzt. Damit alle Menschen, deren Würde verletzt und verhöhnt wird, sich daran halten können: Wie auch immer Menschen mir mitspielen: der Wille und Plan meines Schöpfers kann nicht durchkreuzt werden. Das ist vollbracht!

Szene 3:

> *Es standen aber bei dem Kreuz Jesu seine Mutter und seiner Mutter Schwester , Maria, die Frau des Klopas, und Maria von Magdala. Als nun Jesus seine Mutter sah und bei ihr den Jünger, [a]den er lieb hatte, spricht er zu seiner Mutter: Frau, siehe, das ist dein Sohn! Danach spricht er zu dem Jünger: Siehe, das ist deine Mutter! Und von der Stunde an nahm sie der Jünger zu sich.*

Die Mutter Jesu unter dem Kreuz ihres Sohnes. Immer wieder hatte sie versucht, ihn abzubringen von einem Weg, der ihr unheimlich war. Und nun ist alles noch schlimmer, als sie je befürchtet hat. Er, der von den Engeln Besungene, von den Hirten und den Weisen Angebetete endet am Kreuz, und sie bleibt zurück. Neben ihr der Lieblingsjünger, für den alles zerbricht, wofür er sich begeistert, woran er gehangen hatte. Die beiden unter dem Kreuz - ein Bild grenzenlosen Jammers.

Und der Entkleidete, der bis auf die Knochen Bloßgestellte und Festgenagelte - was kann der noch vollbringen? Erstaunliches. Er hilft den beiden, heraus zu kommen aus der Versunkenheit in ihren Jammer, aus der Fixierung auf die eigene Hilflosigkeit, macht sie

aufmerksam aufeinander, stiftet Gemeinschaft zwischen zwei Menschen, die an sich nichts miteinander verbindet, die alte Frau und den jungen Mann.
Er stiftet unter dem Kreuz die Gemeinschaft der Kirche. Das ist die Gemeinschaft, in der Traurige, Alleingelassene, Mutlose - nein, nicht einfach kriegen, was sie brauchen, sondern in der sie dazu angestiftet werden, einander die Lasten des Lebens tragen zu helfen und aufeinander zu achten.
Dass wir nicht auf Gedeih und Verderb auf Familie angewiesen und festgelegt sind, sondern dass es überall in der Welt und Gott sei Dank auch hier bei uns Menschen gibt, die schlicht um Jesu willen Nächste sind, wo Hilfe gebraucht wird, dass wir trotz aller Unterschiede und dem, was uns gegeneinander aufbringt, einander annehmen und wie eine Familie an den Tisch des Herrn treten können: Das ist vollbracht!

Szene 4:

> *Danach, als Jesus wusste, dass schon alles vollbracht war, spricht er, damit die Schrift erfüllt würde: Mich dürstet. Da stand ein Gefäß voll Essig. Sie aber [a]füllten Einen Schwamm mit Essig und steckten ihn auf ein Ysoprohr und hielten es ihm an Den Mund. Als nun Jesus den Essig genommen hatte, sprach er: Es ist vollbracht! Und neigte das Haupt und verschied.*

An sich also war alles vollbracht außer dem einen, dass uns der König am Kreuz auch als Leidender nahe kommt. Denn w i r werden wohl anders sterben und auch nicht im entferntesten an diese Souveränität herankommen. Nein, sagt, vielmehr schreit Jesus, glaubt nicht, dass dies alles hier mich letztlich gar nicht berührt, weil ich so stark wäre, Nein, ich bin nicht fertig damit, dass ich sterben muss. Ich habe Durst, schrecklichen Durst nach Leben, Durst nach Menschen, die, statt mich zu verspotten oder zu betrauern, mir beistehen, mir helfen. Und ich schäme mich nicht, diesen Durst, diese Not aus mir herauszuschreien und um Erleichterung zu betteln. Und ich weiß, wie das ist, wenn einem dieser Durst nicht gelöscht wird, wenn alles, was einem gegeben wird, bitter, nach Essig und nach Galle schmeckt und einem alles zum Halse heraushängt. Ich weiß, was das heißt, in tiefer Verbitterung sterben zu müssen. Nichts davon wird mir geschenkt.
Aber genau damit wird erfüllt, was in der Schrift angekündigt ist: dass sich einer an unsere Seite stellen wird, um den bitteren Tod mit zu leiden und uns mitzuteilen: Mag dein Ende auch noch so kläglich, ja erschreckend sein - du hast den Vollender an deiner Seite. Das ist vollbracht! Halleluja! Amen.

Ein für alle Mal

Hebräer. 9,15.26b-28

Liebe Gemeinde!

Das Bild eines sterbenden Menschen am Kreuz - in vielen Kirchen haben wir das ja ständig vor Augen. Neben den Kerzen und den Blumen, neben Taufbecken, Kanzel und Lesepult gehört es zum Gottesdienst dazu und fällt nur noch denen auf, für die das Innere einer Kirche etwas Ungewohntes ist.

Heute aber werden wir wieder drauf gestoßen, dass im Mittelpunkt des christlichen Glaubens ein zu Tode gefolterter Mensch steht. Unser Herr Jesus Christus - von Pilatus zum Tode verurteilt, von römischen Soldaten ans Kreuz geschlagen und auch seiner letzten Habe beraubt. Ein Mann, der aber nicht dagegen aufbegehrt, sondern wie ein Lamm alles mit sich geschehen lässt. Ja mehr noch: Seine letzten Worte „Es ist vollbracht!" - sie machen deutlich, dass er dieses Leiden aktiv durchgearbeitet hat und das schmachvolle Ende als eine gelungene Leistung erlebt. Er, der Kranke geheilt, Gelähmte auf die Beine gebracht, Blinden die Augen geöffnet, Aussätzige und Besessene von ihrem Makel befreit und Tote auferweckt hat - er stirbt den Tod eines Schwerverbrechers und sieht darin auch noch die Vollendung seines jungen Lebens. Und wir machen dieses hirnrissige Ende auch noch zum zentralen Symbol unseres Glaubens - warum?

Weil er für unsere Schuld leiden musste? Aber sind wir wirklich so schlimm, dass einer einen solchen Tod sterben muss? Und was ist das für ein Gott, der ein solches Opfer haben will? Im Hebräerbrief heißt es dazu im neunten Kapitel:

> *Christus ist der Mittler des neuen Bundes, damit durch seinen Tod, der geschehen Ist zur Erlösung von den Übertretungen unter dem ersten Bund, die Berufenen das verheißene ewige Erbe empfangen. Nun aber, am Ende der Welt, ist er ein für alle Mal erschienen, durch sein eigenes Opfer die Sünde aufzuheben. Und wie den Menschen bestimmt ist, einmal zu sterben, danach aber das Gericht: so ist auch Christus einmal geopfert worden, die Sünden vieler wegzunehmen; zum zweiten Mal wird er nicht der Sünde wegen erscheinen, sondern denen, die auf ihn warten, zum Heil.*

Drei kleine Sätze, die beherrscht sind von ein und demselben Wort: einmal.

Das Einmal des Kreuzestodes Jesu wird verbunden mit dem Einmal unseres eigenen Todes, und weil er Einmaliges für uns getan hat, wird uns eine überraschende Perspektive eröffnet. Aber der Reihe nach.

Was dort auf Golgatha einmal geschehen ist, ist bei nüchterner Betrach-tung zunächst ja nichts als ein Glied in der endlosen Kette von Gewalttaten, denen Menschen zum Opfer gefallen sind. Eine Kette, die sich auch durch die biblische Geschichte und das daran anschließende Christentum zieht. Dass Abel dem Kain zum Opfer fällt, das wiederholt sich auch in der mit Noah geretteten Menschheit. Abraham ist sogar bereit, seinen einzigen Sohn zu opfern. Dem Jähzorn Moses fällt ein ägy ptischer Sklaventreiber zum Opfer. Weil David Gefallen an Bathseba findet, muss ihr Mann sterben. Dem heiligen Zorn Elias fallen hunderte von Baalspriestern zum Opfer. Die Propheten müssen mit ansehen, wie ihrem Volk von Assyrern und Babyloniern genommen wurde, was sie mit ihrem Gott verband: Land, Hauptstadt und Tempel. Johannes der Täufer fällt einer Laune der Toch-ter des Herodes zum Opfer. Paulus stirbt den Märtyrertod, und Petrus und Andreas kommen auf noch grausamere Art um als ihr Meister. Und als das Christentum erstarkt und weltliche Macht gewinnt, bezahlt es seine Missionserfolge nicht zuletzt mit einer unübersehbaren Reihe von Gewaltopfern. Die Schreckenszeit der Kreuzzüge, Glaubenskriege und Hexenverbrennungen – die Verbreitung von Angst und Schrecken fand auch mit der Reformation kein Ende. Bauernkrieg und Judenverfolgung wurden durch die Reformatoren eher noch angeheizt. Dem schrecklichen Dreißigjährigen Krieg um den rechten Glauben fiel mehr als die Hälfte der Bevölkerung Deutschlands zum Opfer. Und in keiner Zeit sind mehr Menschen eines gewaltsamen Todes gestorben als in dem gerade zu Ende gegangenen Jahrhundert.

Und dennoch ereignet sich an diesem einen Kreuz Einmaliges. Hier kommt die Zeit an ihr Ende, hier erfüllt sich die Geschichte der Menschen; mag sie auch noch so lange weitergehen, es kommt nichts Entscheidendes hinzu. Was hier geschieht, ist unwiederholbar und unüberbietbar: Denn dieser Eine stirbt für den Vater unser, stirbt dafür, dass Gott auf der Seite der wehrlosen Opfer steht. Um Gottes Willen stellt er sich den Mächtigen in seinem Umfeld, die im Kampf um den Erhalt ihrer Macht über Leichen gehen. Und er stellt sich dem Versagen seiner Anhängerschaft. Als es um die eigene Haut ging, gab es für sie keinen Glauben und keine Treue mehr, nur noch die Flucht. Er hat sich dem gestellt, hat das alles auf sich genommen. Die Sünde, die Gott nichts zutraut und die des-halb ihre Opfer fordert, an ihm läuft sie sich tot. Weil in diesem leidenden sterbenden Menschen Gott selbst auf den Plan tritt. Mit seinem Tod stirbt die Sünde, stirbt, was den Menschen von Gott trennt.

Und denoch: Der Mensch wird Gott nicht mehr los. Da mögen die Kämpfe um die Macht in der Welt und die Vorherrschaft auf den Märkten weiter toben: Gott erscheint unter den Opfern dieser Kämpfe. Und wo die Angst dem Menschen den Glauben austreibt, wo Liebe und Treue nicht mehr gelten, da teilt Gott das Los der Alleingelassenen und Betrogenen. Und wo jemand auf der Suche nach Leben, das sich lohnt, auf der Strecke bleibt und nicht los kommt von der Frage: Warum ich? Was habe ich falsch gemacht? Womit habe ich das verdient? - da protestiert und fragt Gott mit ihm und ihr. Denn seit diesem Opfer, das Jesus für Gott am Kreuz gebracht hat, ist ein für allemal klar: Gott will keine Opfer. Er ist auf ihrer Seite.

Und dieses Ein für allemal des Todes Jesu rückt jedem auf den Leib. Das Leben geht eben - auch wenn wirs tausendmal anders behaupten - nicht weiter. Es ist einmalig und endgültig, weil es diesen einen Tag, diese eine Stunde gibt, die wir nicht im Kalender, aber desto unauslöschlicher im Herzen und im Gewissen haben. Das Leben, das uns sonst unter den Fingern zu zerrinnen scheint, das nur Stückwerk zustande bringt und von so vielen Zufälligkeiten abhängt - mit dem Tode wird unversehens ein Ganzes daraus. Wir erleben das ja beim Tod von nahen Mitmenschen, wie dann plötzlich die Zeit stehen□-bleibt und wir nicht loskommen davon, ein Gesamtbild von dem gerade abgeschlossenen Leben zu malen. Merkwürdig: mit dieser Ernsthaftigkeit haben wir das während des Lebens nie getan. Jetzt, wo nichts mehr zu ändern ist und keine Antwort mehr gegeben werden kann, da ist das Herz auf der Suche nach dem Bild, das dem Ganzen gerecht zu werden vermag.

Für mich ist das ein eindrucksvoller Anhaltspunkt dafür, dass mit dem Tode nicht alles aus ist, sondern das entscheidende noch bevorsteht: das Gericht. Was sich nach dem Tode im Herzen der Mitmenschen abspielt - wie viel mehr wird sich das bei dem abspielen, aus dessen Hand unser Leben kommt und der mit ihm eine Absicht verfolgt!

Und genauso leben wir doch auch - mit der Sorge darum, dass wir etwas vorzuweisen haben, dass unser Leben Wert hat und Sinn. Am Ende wird sich zeigen, was von Dauer gewesen ist, was Substanz gehabt und was uns gehalten hat und wie wenig das mit dem zu tun hat, was an der Oberfläche des Lebens und der menschlichen Gesellschaft als erstrebenswert gilt: Erfolg, Glück und Wohlstand. Wie wenig es darauf ankommt, das wissen wir aus den Gesamtbildern vom zu Ende gegangenen Leben geliebter Menschen.

So das Gericht, das sich unter den Menschen vollzieht, die wir nach unserem Tod zurücklassen. Auch wenn uns viel daran gelegen sein mag, ein gutes Bild zurückzulassen, wir werden davon nichts mehr mitbekommen.

Doch die Lebensbilanz, die Gott zieht, wird uns der Tod nicht verbergen. Hier geht es um das Recht dessen, der uns das Leben gegeben hat, damit wir es nach seinem Willen gestalten. Er wird sich nicht beeindrucken lassen von dem, was wir aus uns gemacht haben. Denn sein Herz schlägt mit den Menschen, die wir vernachlässigt haben, deren Not uns kalt gelassen hat, an denen wir schuldig geworden sind. Gerade weil er keine Opfer will, wird er auf die Opfer zeigen, die wir anderen Herren gebracht haben: dem Herrn Ehrgeiz und dem Herrn Selbstbehauptung sowie den Herren Feigheit, Lüge und Selbstbetrug, die uns dazu gebracht haben, unsere Schuld zu vertuschen, zu leugnen und zu verdrängen. Das alles wird ans Licht kommen. Nicht etwa deshalb, weil unser Richter dem Ideal vollkommener Gerechtigkeit anhinge, sondern weil er selbst unter dem gelitten hat, womit wir uns behaupten wollten.

Doch diese Herren, denen wir unseren Glauben, unsere Liebe und unsere Treue geopfert haben, denen wir Raum gelassen haben, unseren Schöpfer an die Seite zu drängen und ihn mundtot zu machen: sie haben im Gericht Gottes nichts mehr zu sagen. Denn das Urteil wird von dem gesprochen, der das alles auf sich und mit genommen hat in seinen Tod. Was sie mit uns und wir mit ihnen getan haben, ist offenbar. Doch mit ihnen ist der Richter fertig. Ein für allemal und eben auch für das eine Mal, bei dem es um unser Leben im Ganzen geht.

Noch längst nicht sind wir frei von dem, was uns das Leben nach dem Willen Gottes erschwert. Wir bleiben verwickelt in Verhältnisse, denen Menschen zum Opfer fallen. Und unsere Rechthaberei lässt nichts erkennen davon, dass wir vor allem von Güte leben. Doch seit dem Tod des Einen ist es mit dem guten Gewissen des „Gott mit uns“ vorbei, wir erleben uns als die von Sünde Gezeichneten. Dem Einmal unseres Todes aber können wir entgegengehen mit der Zuversicht, dass die Krise unseres Lebens, das Gericht, mit dem Freispruch durch Gott beendet wird.

Und dann wird es nicht weitergehen wie gehabt nach der Melodie: „Der Geist ist willig, aber das Fleisch ist schwach.“ Dann beginnt ein Neues. Weil, wie der Hebräerbrief sagt, Christus zum zweiten Mal erscheinen wird. Dass man sich im Leben stets zweimal begegnet - für Christus und die, die zu ihm gehören wollen, gilt das jedenfalls. Und diese zweite Begegnung wird ganz anders sein als die erste. Beim ersten Mal hat er weggenommen, was uns von Gott trennt, hat das mitgenommen in den Tod. Und geblieben ist die Wirklichkeit des Gottes, der einen Seitenwechsel vollzogen hat, der aus der himmlischen Welt in die Tiefe menschlichen Lebens gewechselt ist. Ein für allemal. Beim zweiten Erscheinen Christi wird seine Gottheit, seine Strahlkraft und Schöpfermacht hervortreten.

Dann wird er heil machen, was unter der Nachwirkungen der von Gott abgetanen Sünde kaputt gegangen und in ein Chaos verwandelt worden ist, das zu ständig neuen Verirrungen geführt hat. Er wird ein Leben mit sich bringen, eine Welt heraufführen, die ganz nach dem Willen Gottes geordnet ist und in der die Freigesprochenen sich nun auch in Freiheit und Gerechtigkeit vor ihrem Schöpfer entfa□l□ten können. Das ist die Perspektive, die sich im Blick auf das Kreuz andeutet, wenn dieser Gekreuzigte denn der Sohn Gottes war. Darum halten wir uns sein Bild vor Augen, darum ist der Karfreitag für uns ein ganz hoher Feiertag. Denn darauf beruht unser Heil, dass Gott selbst in diesem Gekreuzigten steckt und er es nicht beim Leiden und Sterben mit den Opfern belässt. Amen

Christus - Licht in der Finsternis

Johannes 5, 19-21

Liebe Gemeinde!

Zwei Nachtgottesdienste feiern wir im Jahr. In der Christnacht wird die aus dem Dunkel kommende Gemeinde vom warmen Glanz des Christbaums empfangen. Und das hat seinen guten Grund, denn Weihnachten kommen wir sozusagen nach Hause, dahin wo wir Kinder waren und es immer noch sind als Töchter und Söhne Gottes. Weihnachten knüpft immer an das an, was wir an Erinnerungen und Sehnsucht mitbringen, in uns tragen. Und deshalb werden wir zu recht in der Kirche vom warmen Licht empfangen.

Ganz anders ist das in der Osternacht. Die Kirche liegt im Dunkel, man stolpert eher hinein, hat Mühe, sich zurechtzufinden und unheimlich ist, was wir im Dunkeln zu hören bekommen. Sündenfall und Sintflut. Wir - so wird deutlich - leben in einer Welt, die sich von Gott entfernt hat und in der Menschen im Dunkel von Hunger und Kriegen, von Seuchen unheilbaren Krankheiten verschwinden. Und Gott? Er lässt noch etwas spüren von seiner fürsorglichen Schöpfermacht im Wechsel von Sommer und Winter, Frost und Hitze, Tag und Nacht. Kein Wunder, dass viele Mensche sich - wenn irgendwo - dann in der Natur mit Gott verbunden fühlen und sich einig wissen im Ahnen einer höheren Macht, die das alles in Gang hält und durchwaltet. Andere sehen in dem großen Kreislauf von Werden und Vergehen Gesetzmäßigkeiten, die jeden göttlichen Zauber verloren haben.

Doch egal wie wir zur Natur stehen - das Geheimnis des Menschen vermag sie uns nicht zu entschlüsseln. So gewiss wir für eine Zeitlang an dem Werden und Vergehen teilnehmen, den Frühling, die Sonne, die länger werdenden Tage genießen, so gewiss fallen wir da auch raus. Weil so vieles unumkehrbar, endgültig, nicht wiederholbar ist in unserem Leben- und am Ende gilt das für unser Leben als ganzes - im Tod. Undurchdringliches Dunkel kommt auf uns zu und umfängt uns oft genug schon mitten im Leben: ein Dunkel auf das kein Sonnenaufgang folgt; eine Aussichtslosigkeit, die uns niemand zu erhellen vermag, weil jeder – auch der Gescheiteste - den Abbruch seines Lebens noch vor sich hat.

Und doch erleben wir in der Osternacht, wie das Dunkel immer mehr erhellt wird - nicht weil draußen die Sonne aufgeht, sondern weil ein Licht sich verbreitet, das Jesus Christus heißt. Er hat - so heißt es - Licht gebracht in das Dunkel des Todes, weil er im Tod zum Leben erweckt wurde. Auferstanden ist. Aber woher weiß ich, dass das stimmt? Dass wir uns das nicht nur einreden und uns mit den Lichtern in der Nacht hier etwas vormachen?

Auferstehung - wo bekomme ich etwas davon mit? Wo berührt und erhellt das mein Leben?

Eine Antwort auf diese Fragen finde ich in den folgenden Sätzen im 5. Kapitel des Johannesevangeliums: :

Jesus sprach: Wahrlich, wahrlich, ich sage euch: Der Sohn kann nichts von sich aus tun, sondern nur, was er den Vater tun sieht; denn was dieser tut, das tut gleicherweise auch der Sohn. Denn der Vater hat den Sohn lieb und zeigt ihm alles, was er tut, und wird ihm noch größere Werke zeigen, sodass ihr euch verwundern werdet. Denn wie der Vater die Toten auferweckt und macht sie lebendig, so macht auch der Sohn lebendig, welche er will.

"Jesus sprach" - damit geht Ostern los. Wie Gott am Anfang sprach in Dunkel und Chaos, so sprach Jesus in der Nacht des Lebens. An den Kleinen und Hilflosen ist er nicht achselzuckend vorübergegangen, sondern er hat Gott in ihr Leben hineingesprochen. Einen Gott, der nicht als irgendein höheres Wesen unbeteiligt über uns schwebt, sondern der ein Herz hat gerade für die Menschen im Dunkeln und der sie allem Augenschein zum Trotz selig spricht und ihnen den Himmel erschließt. Das war - und ist es noch immer - unerhört. So eindeutig ist Gott nie zuvor und in keiner anderen Religion danach mit dem Leben von Menschen in Verbindung gebracht, nach denen auf Erden kein Hahn mehr kräht.

Doch - so sieht es zunächst aus - das hat ja auch nicht lange gedauert. Ein Mensch, der so konkret, so persönlich und verbindlich von Gott sprach, der passte nicht in diese Welt, weil er damit alles durcheinander brachte. Und sehr bald war er selber zu einem Menschen geworden, für den es keine Aussicht mehr gab, als er am Kreuz von der Nacht des Todes verschlungen wurde. Aber - dieses Licht Jesus Christus ist nicht verlöscht. Denn so wie er gesprochen hat, so spricht er immer noch. Bis heute hören Menschen auf seine Worte und lassen sich von ihnen trösten, aufrichten, anstiften.

Und das obwohl man in der Geschichte alles getan hat, um ihn zum Schweigen zu bringen. Obwohl totalitäre Machthaber ihn niedergebrüllt, Wissenschaftler ihm den Mund verboten, ja auch Päpste, Priester und Pastoren ihm das Wort im Mund umgedreht, mit ihm Angst gemacht, seine Worte in Langeweile und Belanglosigkeiten erstickt haben - und wer von uns wäre nicht hier oder da an der Verbreitung von Missverständnis seiner Botschaft beteiligt gewesen! - trotz alledem: er spricht. Seine Worte sind nicht tot zu

kriegen. Er spricht nach wie vor Gott hinein in das Dunkel des Lebens und in die Nacht des Todes - immer wieder neu.
Überraschend und so überzeugend, dass Menschen, die einmal angesprochen sind von ihm, ein deutliches Bild von ihm vor Augen haben und Antwort wissen auf die Frage: was würde Jesus jetzt tun? Und da brauchen sie sich von keinem Theologen belehren zu lassen.
Woher kommt diese unglaubliche Widerstands- und Lebenskraft seiner Worte - wenn nicht daher, dass Gott der Botschaft Jesu recht gibt und dir und mir zusagt: Dein Leben kommt nicht nur aus meiner Hand, ich habe nicht nur mit deiner Herkunft, mit deiner Kindheit, deinem Zuhause zu tun. Ich habe auch mit deiner Zukunft zu tun. Wenn dein Leben sich verdunkelt, bin ich dein Licht. Wenn du am Ende bist, bin ich dein Anfang. Wenn der Tod nach dir greift, bin ich dein Leben. Darum: Frohe Ostern!
Amen.

Vom Leben des Gekreuzigten

1. Korinther 15, 1-11

Liebe Gemeinde!

In der griechischen Hafenstadt Korinth gab es in der jungen christlichen Gemeinde eine starke Gruppe von ausgesprochenen Ostergegnern. Nicht etwa deshalb, weil sie Leben über den Tod hinaus naturwissenschaftlich für nicht möglich hielten. Im Gegenteil: Von der Unsterblichkeit der Seele waren sie überzeugt. Nein, sie waren gegen Ostern, weil ihnen der Tod dabei und alles, was damit zusammenhängt, eine noch viel zu große Rolle spielt.

Allein einen Körper zu haben, der Krankheit, Alter und Tod ausgesetzt ist, das empfanden sie schon als ein schlimmes Verhängnis. Dass sie nun auch noch im Gottesdienst mit der brutalsten Form des Sterbens, der Kreuzigung, konfrontiert wurden und dann glauben sollten, daaa Jesus nach Ostern wiederum leiblich erschienen ist mit den Wundmalen, die an sein Leiden erinnerten, das lehnten sie entschieden ab. Das mögen die von uns brauchen, sagten sie, die noch der sinnlichen und materiellen Welt verhaftet sind. Die brauchen Beweise, brauchen Augenzeugen, brauchen die Erzählungen von den Aposteln, die das alles doch ganz unterschiedlich erlebt haben. Wir sind darauf nicht angewiesen. Weil wir ganz erfasst und durchdrungen sind vom unsterblichen Geist Christi. Er lebt in uns, macht uns frei von allen irdischen Bindungen und lässt uns teilhaben an Erfahrungen der ewigen geistigen Welt Gottes. Was soll uns da der Rückblick auf Ostern?

Dazu äußert sich der Gemeindegründer Paulus im 15. Kapitel seines ersten Briefes an die Korinther:

> *Ich erinnere euch aber, liebe Brüder, an das Evangelium, das ich euch verkündigt Habe das ihr auch angenommen habt, in dem ihr auch fest steht, durch das ihr auch selig werdet, wenn ihr's festhaltet in der Gestalt, in der ich es euch verkündigt habe; es sei denn, dass ihr umsonst gläubig geworden wärt. Denn als Erstes habe ich euch weitergegeben, was ich auch empfangen habe:*
> *Dass Christus gestorben ist für unsre Sünden nach der Schrift; und dass er begraben worden ist; und dass er auferstanden ist am dritten Tage nach der Schrift*

und dass er gesehen worden ist von Kephas, danach von den Zwölfen. Danach ist er gesehen worden von mehr als fünfhundert Brüdern auf einmal, von denen die meisten noch heute leben, einige aber sind entschlafen. Danach ist er gesehen worden von Jakobus, danach von allen Aposteln. Zuletzt von allen ist er auch von mir als einer unzeitigen Geburt gesehen worden. Denn [a]ich bin der geringste unter den Aposteln, der ich nicht wert bin, dass ich ein Apostel heiße, weil ich die Gemeinde Gottes verfolgt habe.
Aber durch Gottes Gnade bin ich, was ich bin. Und seine Gnade an mir ist nicht vergeblich gewesen, sondern ich habe viel mehr gearbeitet als sie alle; nicht aber ich,sondern Gottes Gnade, die mit mir ist. Es sei nun ich oder jene: so predigen wir und so habt ihr geglaubt.

Fangen wir mal hinten an und bewegen uns dann an den Anfang zurück, an dem die Gemeinde angesprochen ist.
Ostern, sagt Paulus, kann ich beim besten Willen nicht hinter mir zurücklassen. Ostern ist der Schlüssel für mein Leben als Apostel. Unermüdlich bin ich unterwegs, um das Evangelium überall in der Welt an die Menschen heranzubringen. Nicht um meine Seele und um meine Erleuchtung geht es, sondern darum, dass die Menschen auf dieser Erde von der Lebensmacht Gottes ergriffen werden, so wie ich davon ergriffen bin.
Von Natur aus ist mir der Glaube der Christen an einen Gekreuzigten auch gegen den Strich gegangen. Deshalb habe ich ihre Gemeinden verfolgt - natürlich weil ich im Kreuz eine Beleidigung Gottes gesehen habe. Doch nun lebe und arbeite ich davon, dass Gott sich gerade auf die Seite des Gekreuzigten gestellt hat und er damit seine unbedingte Liebe zu uns Menschen offensichtlich macht. So bin ich mit dem, was ich tue und was doch auch euch zum Glauben gebracht hat, ein Beispiel dafür, dass wir Ostern nie hinter uns haben.

Und dieses mein von Grund auf umgewandeltes Leben hängt nicht an einer Einsicht oder einer Erleuchtung meiner schönen Seele. Es hängt daran, dass der Gekreuzigte, der brutal Ermordete, sich unübersehbar als lebendig gezeigt hat und gesehen wurde. Und nun werden sie aufgezählt - die Augenzeugen in großer Fülle, aber keinesfalls vollständig, denn die Frauen, von denen in den Evangelien erzählt wird, die hat Paulus - für ihn typisch – gar nicht genannt. Immer wieder hat man versucht, die Augenzeugen alle zu erfassen und zu identifizieren. Ich glaube nicht, dass das gelingen wird. Dazu ist er, den sie gesehen haben, zu lebendig und zu einfallsreich, als dass er sich damit begnügt hätte, in die Welt der Gelehrten zu passen. Nein, Frauen, die an ihm hingen und für ihn gesorgt haben, Fischer, Zöllner, Partisanen, die mit ihm gezogen waren, ihn am Ende aber im Stich gelassen hatten, und selbst ein streitbarer Theologe wie Paulus - sie zu packen und in die Gänge zu bringen, den bis ins letzte treuen Gott zu bezeugen - darum ging es in den Erscheinungen des Auferstandenen .

Voller Leben waren sie die Ostererscheinungen, immer wieder anders, immer wieder überraschend und überwältigend, dabei immer eindeutig, aber nie in der Gestalt eines wandelnden Leichnams.Und deshalb werden Forscher wie der Professor Lüdemann nicht hinauskommen über stumpfe Feststellungen wie: Das Grab war voll. Denn den Lebendigen findet man nicht bei den Toten. Und als sie es begriffen hatten - diese bunte Schar von Frauen und Männern, die in Trauer und Angst versunken oder wie Paulus in Fanatismus gefangen waren- als sie den Auferstandenen begriffen hatten, da war der Grund gelegt dafür, dass christlicher Glaube sich ausbreiten und auch uns erfassen konnte. Weil uns weitergegeben wurde, was Christen im Zentrum ihres Glaubens bekennen:: dass Christus gestorben ist für unsere Sünden nach der Schrift, dass er begraben worden ist und dass er auferstanden ist am dritten Tage nach der Schrift..
Nun ja, alte Glaubensformeln, mögen wir denken, x-mal gehört und auch mitgesprochen. Aber damit komme ich doch nicht zum Osterglauben. Doch, sagt Paulus, aus ihnen kommt der Osterglaube – immer wieder neu, wenn ihr dieses Bekenntnis, das uns mit den ersten Christen verbindet, das auch schon Paulus übernommen hat, wenn ihr euch daran erinnern, wenn ihr es eindringen lasst in euer Inneres.

Doch viele Christen weigern sich heute, einen Christus zu verinnerlichen, der für unsere Sünden gestorben ist. Denn das klingt nach einem Gott, der ein Todesopfer gebraucht hat, um sich mit uns zu versöhnen. Und das passt nicht zu dem liebevollen Vater im Himmel, für den Jesus eingestanden ist. Bei dem soll es um Gottes Willen auch bleiben. Doch der verschwindet uns so schnell, wenn das Leben unheimlich wird, wenn wir in Nöte kommen, die wir nicht verdient haben, wenn Wünsche durchkreuzt werden, Hoffnungen sich zerschlagen und die Welt einen Lauf nimmt, der jeden Gedanken an einen lieben Vater überm Sternenzelt verbietet. Wo immer der Tod sich im Leben herumtreibt, gehen wir da nicht automatisch auf Abstand zu Gott mit der Frage: Wie kannst du das zulassen? Dieses automatisch auf Abstand Gehen zu Gott heißt in der Bibel Sünde - hat gar nichts mit Unanständigkeit zu tun, sondern mit unserer nur zu verständlichen Not, einen Sinn zu sehen in Leiden und Ungerechtigkeit. Ein Gott, der wirklich gnädig ist und uns lieb hat - kann der uns in dieser Not des Abstandes, in der Not der Sünde alleinlassen?

Im gekreuzigten Jesus zeigt Gott, dass er sich nicht schweigend zurückzieht, wenn wir verzweifeln. Hier zeigt er: er leidet mit den von ihm Getrennten, er schreit mit den Sündern, stirbt mit und geht mit ins Grab und dahin, wo wir unsere Hoffnungen, wo wir Lebensfreude und Lebenslust zu Grabe tragen müssen. Ist dieser Gott, der sich bis zum Letzten auf unsere Seite stellt, wirklich nicht wert, in unser Inneres gelassen zu werden?

Zumal er den Gekreuzigten und mit ihm die um ihr Leben Gebrachten nicht ruhen und in Vergessenheit geraten lässt. Der auferweckte Christus steht nicht für einen Gott, der den Tod hinnimmt und es dafür lieber mit der Seele hält. Er steht auf gegen den Tod und bringt das Leben zur Geltung. Und zwar das Leben, wie wir es kennen und lieben: Leben, das Hunger hat und Durst, das in vollen Zügen genießen und sich verausgaben kann; Leben, das aufblüht in der Liebe, das zugleich verletzlich ist und deshalb unendlich behutsam sein kann; Leben, das immer nur ansatzweise und bruchstückhaft gelingt, obwohl es angelegt ist auf Ganzheit und Vollendung; Leben mit seinen verpassten Chancen, den nicht genutzten Möglichkeiten und dem, was wir uns und anderen schuldig bleiben. Dieses Leben hat den lebendigen Gott auf seiner Seite. Und damit gewinnt es bei aller Gebrochenheit Würde und Ansehen.

Und weil es zu Ostern nicht um schöne Seelen, sondern um das von Gott geliebte leibhaftige Leben geht, will das Evangelium leibhaftige Menschen erreichen: Sie und mich - jeden an seinem Ort, jeden mit seinem Geschick und seiner und ihrer Art, Mensch zu sein. Damit wir mit unserer Größe und mit unseren Macken - genau wie der Apostel Paulus mit seinen - sagen können: Durch Gottes Gnade bin ich, was ich bin! Amen.

–

Unterwegs mit dem Auferstandenen

Lukas 24,13-35

Liebe Gemeinde!

Ostern braucht Zeit. So sehr es unserer Zeit entspricht, alles gleich und alles auf einmal zu bekommen. Mit Ostern geht das nicht. Gewiss, die Osterbotschaft ist uns längst bekannt und kann immer ganz schnell vergegenwärtigt werden: Jesus ist auferstanden! Aber das steht - mag es auch noch so oft wiederholt werden - quer zu dem, was wir gewohnt sind und fassen können. Wir kennen das Leben nur als die Spanne zwischen Geburt und Tod. Dass das so nicht mehr gelten soll, dass Jesus sich davon freigemacht hat, das hat bei den Frauen damals am Ostermorgen Verwirrung und Erschrecken ausgelöst. Und immer noch stößt die Osterbotschaft auf Unverständnis und löst Verlegenheit aus. Wenn sich das ändern soll, wenn aus Verwirrung und Zweifel Osterfreude werden soll, dann muss der Auferstandene schon selbst aktiv werden und seinen verunsicherten Leuten nachgehen. Und dafür muss er sich die Zeit nehmen, die sie brauchen, um das auch wahrnehmen und fassen zu können, dass weder die Todesgrenze, noch der garstig breite Graben der Geschichte von 2000 Jahren uns von ihm trennen können.

Und weil er sich diese Zeit tatsächlich nimmt, gibt es in den Evangelien eine Fülle von Ostergeschichten. Beim Karfreitag, der Geschichte der Kreuzigung Jesu, ist das anders: da sind die vier Evangelien so nah und geschlossen beieinander wie sonst nie. In ihren Ostergeschichten aber gehen sie ganz unbekümmert eigene Wege. Weil Jesus seinen Leuten auf immer neue Weise nachgeht bis heute.

Das wird sehr schön anschaulich in der Geschichte von den Emmausjüngern, die wir vorhin gehört haben. Die beiden sind auf dem Weg zurück Sie haben Jerusalem hinter sich gelassen. Die Stadt, in die sie voller Erwartung und unter Hosiannarufen eingezogen waren, in der Gewissheit: Jetzt wird Jesus das Friedensreich aufrichten, in dem das von den Römern blutig unterdrückte Volk wieder ganz und heil wird und auch die kleinen Leute zu Ehren kommen. Doch in nur wenigen Tagen hatte sich das alles als Illusion erwiesen. Die Römer hatten gezeigt, wer Herr im Hause ist und mit Jesus hatte man wie mit einem Rebellen kurzen Prozess gemacht. Jetzt also geht es zurück auf dem langen Weg nach Galiläa, zurück in das Leben, das sie um Jesu willen aufgegeben hatten. Ein schwerer Weg, denn sie konnten sich ausmalen, wie die Familie und das Dorf daheim sie empfangen würden: „Na, da seid ihr ja wieder. Endlich ist wohl bei euch der Groschen gefallen, dass ihr einem Traumtänzer nachgelaufen seid. Wir haben es ja gleich..." Aber da mussten sie jetzt durch.

Die anderen, vor allem die Frauen, waren noch in Jerusalem geblieben, wollten es noch nicht wahrhaben und versuchten nun, sich mit weiteren Illusionen über die trostlose Realität hinwegzuretten. Engelerscheinungen wollten sie am Grab gesehen haben, und als einige der Männer nachschauten, hatten sie das Grab tatsächlich leer gefunden. Aber ihn sahen sie nicht. Damit hatte Ostern für die beiden sein Bewenden. All das erzählten sie einem Fremden, der sich auf dem Wege zu ihnen gesellt und sich interessiert gezeigt hatte an dem, was sie beschäftigte.

Einem Fremden waren sie begegnet. Und das passt nun gar nicht zu den Theorien, mit denen die Ostererscheinungen von Psychologen erklärt werden. Denen zufolge geht es bei diesen Geschichten um Visionen, die aus Trauer und Enttäuschung der Jünger Jesu entstanden sind. Weil sie sich mit dem Tod ihres Meisters nicht abfinden konnten, hätten sie ihn in ihrer Phantasie wieder ins Leben geholt und sich - im wahrsten Sinn des Wortes - seine Gegenwart eingebildet. Doch diese Erklärung passt auch nicht im entferntesten zu den Ostergeschichten. Nicht wie sie ihn kannten und ihn zurück sehnten, also gerade nicht in der Gestalt eines wiederbelebten Toten ist Jesus seinen Leuten erschienen. Zun#chst ist er fremd, wird er eben nicht erkannt. Die Psychologie in Ehren, aber in den Ostergeschichten kommt man mit ihr nicht weiter.

Behutsam und unauffällig tritt der Auferstandene in das Leben seiner Leute. Auch in unser Leben, hört zu, wenn wir mit den beiden traurig sind über eine Welt, aus der er verschwunden zu sein scheint, hört zu, wenn wir mit ihnen klagen: "Wir aber hofften, er sei es, der uns erlösen würde." Aber nun sieh sie dir doch an - die Welt, die Menschen, die Kirche, die Christen - die Kleinkariertheit und Rechthaberei, die Besessenheit, mit der wir uns festkrallen an den Gütern dieser vergänglichen Welt. Da singen wir "Christ ist erstanden, des solln wir alle froh sein", aber schon bei sinkendem Kirchensteueraufkommen sehen wir die Zukunft verdüstert und lassen uns in verbitterte Verteilungskämpfe verstricken. Da triumphieren wir "O Tod,. wo ist dein Stachel nun?" – aber wehe, da meldet sich ein unbekannter Schmerz oder die Werte beim Arzt stimmen nicht mehr, da hat die Angst uns wieder voll im Griff, und alles wird todernst.

Und Jesus? Er geht nicht enttäuscht vorüber, sondern möchte wissen, was uns da beschäftigt und belastet, empört sich nicht über die beiden und über uns, die es alles an sich doch viel besser wissen und auch machen müssten. Wann hätte Jesus seinen Leuten denn einen Rosengarten versprochen? Wann und wo hätte er gesagt: Wer an mich glaubt, der wird keine Probleme mehr haben? Nein, der nehme sein Kreuz auf sich, hat er gesagt.

Und dabei bleibt der Auferstandene. So geduldig, wie er dem Thomas seine Nägelmale zeigt und deutlich macht, dass er das Kreuz nicht hinter sich sondern an sich hat, ebenso geduldig erklärt er den beiden, dass Erlösung nicht an Leiden und Kreuz vorbeigeht und Auferstehung Leiden und Kreuz nicht beseitigt, sondern uns den Gekreuzigten an die Seite gibt: "Ist auch dir zur Seite still und unerkannt." Das gilt nicht nur für das Christkind zu Weihnachten. Das gilt erst recht für den Auferstandenen, der seinen Jüngern geduldig den Kreuzesweg nahe bringt auch heute noch.
Er bringt seine Kirche und die Christen dazu, in einer auf Leidensfreiheit, Konsum, Spaß und Genuss fixierten Gesellschaft das Leiden in der Welt wahrzunehmen, den Finger auf die Wunden zu legen, zum Helfen und Teilen, zum Aufbegehren und Heilen anzustiften. Daran zeigt sich, dass Jesus nicht im Grabe geblieben, sondern sehr lebendig - und das nicht nur spirituell, sondern sehr leibhaftig, die leiblichen und materiellen Nöte wahrnehmend unter uns ist. Und dabei bedient er sich nicht des immer schon Bekannten, sondern mutet uns die Begegnung mit Fremdem, Ungewohntem, Neuem zu, das zunächst gar nicht nach ihm aussieht und sich dann doch als seine verhüllte Gegenwart erweist.

Ja, und dann bricht er das Brot mit ihnen, wie er es mit uns bricht. Und bis heute gehen Menschen dabei die Augen auf: danken, teilen, geben: das ist typisch Jesus, hier teilt er sich uns ganz unmittelbar mit, wie er ist. Zwar nicht so, dass wir ihn festhalten, vorzeigen, wissenschaftlich untersuchen lassen könnten - dazu ist er zu lebendig. Aber so, dass ich etwas mitbekomme von seinem Leben, und so, dass er mir Zeit schenkt, mitzukommen mit ihm. Amen.

Unter seinem Segen

Lukas 24, 50-53

Liebe Gemeinde!

Was ist das eigentlich für eine Welt, in dem Christen sich nach Ostern bewegen? Gewiss, der Karfreitag, der Tod ist nicht das Letzte, was sie von Jesus zu sagen haben. Auf vielfache Weise werden wir bis heute Zeugen davon, dass er nicht im Tode geblieben ist, dass er lebendig wird in seinem Worten, seinen Geschichten, dem Abendmahl und nicht zuletzt in der Begegnung mit hilfsbedürftigen Mitmenschen, die uns herausfordern, ihm nachzufolgen.

Auf der anderen Seite aber ist er nicht mehr da wie damals, begegnet uns nicht mehr als einmaliger und unverwechselbarer Mensch. Er hat keine Stimme, keine Gestalt, an der wir ihn zweifelsfrei erkennen könnten. Und doch steht unser Leben unter dem Zeichen seines und unseres Gottes. Wie kann man dieser Zustand, der seit Ostern auf Dauer gestellt ist, beschreiben? Das ist die Frage, auf die die Geschichte von der Himmelfahrt Jesu eine Antwort geben will.

"Jesus führte seine Jünger hinaus", so gehts los. Denn Himmelfahrt ist zunächst nichts anderes als ein Abschied. Und Abschied bringt in Bewegung - nicht nur den, der geht. In Bewegung kommen auch die Zurückbleibenden. So bringt man den Nachbarn, der mal eben kurz reingeschaut hat, noch bis an die Haustür. Und ein Besuch von auswärts wird natürlich an die Bahn oder ans Auto gebracht und abgewunken. Meine Frau und ich haben das gerade hinter uns. Zwei Wochen hatten wir Besuch von lieben Verwandten aus Amerika. Als wir vom Flughafen zurück kamen, war das Haus auf einmal eigentümlich leer und still nach den Tagen voller Erzählen, Lachen und den Unternehmungen. In der Tat: Scheiden tut weh.

Der Abschied von Jesus war noch viel schmerzlicher: Seine Leute mussten sich trennen von einem Mann, der sie erst zu dem gemacht hatte, was sie jetzt waren: Jüngerinnen und Jünger, also Menschen, die sich nach einem Älteren, Erfahreren richteten, einen Meister, wie sie ihn nannten. Von den Lebensjahren her waren die meisten von ihnen älter als er. In jedem Fall alles Leute, die schon ihren Mann und ihre Frau gestanden hatten, bevor sie ihm begegnet waren. Und alle hatten gelernt, sich durchzuschlagen. Egal ob man dabei als Zöllner den Buckel krumm machen musste vor den Römern oder ob man als Partisan im Kampf gegen sie ständig auf der Hut sein musste, um nicht von ihnen entdeckt oder gar von den eigenen Leuten verraten zu werden; egal, ob man sich als Fischer oder als Dirne die Nächte um die Ohren schlagen musste, um über die Runden zu kommen. Alles Leute, denen keiner mehr was vormachen konnte.

Doch dann waren sie Jesus begegnet, der das Leben ganz anders meisterte: der nichts hatte und sich dennoch mehr am Leben freute als die, die aus dem Vollen schöpften. Einer, dem Leben als Kampf offenbar völlig unbekannt war und der deshalb auch keine Angst hatte, der frei war von Hass und Verbitterung und in dessen Nähe das von einem abfiel, was einen hart und unzugänglich gemacht hatte; bei dem einem das Herz aufging und ebenso die Taschen. Und der vor allem die Fähigkeit hatte, die Kleinen und Unscheinbaren, die Zukurzgekommenen und vom Schicksal Geschlagenen, die armen Teufel und die Verrückten aus ihren Ecken heraus zu holen, ihnen ihren Glauben und ihr Selbstwertgefühl zurück zu geben, sodass sie heil werden konnten. Und mit diesen unglaublichen Fähigkeiten grenzte er sich nicht von anderen ab, ließ sich nicht zum Idol oder gar zum Halbgott machen. Im Gegenteil: Möglichst viel abgeben wollte er davon, andere anstiften, es ihm nachzutun. Deshalb hatte er sie in seine Nähe geholt, zu Jüngerinnen und Jüngern gemacht, damit auch sie lebten, als stehe der Himmel offen und als sei Gott ihnen so nahe wie Vater und Mutter ihren Kindern nahe sind. Und wenn Jesus dabei war, dann ging das auch, da war die Sache mit Gott überhaupt kein Problem, und immer von neuem wurde das Leben zum Fest. Doch wehe, wenn er nicht dabei war, dann kriegten sie nichts mehr auf die Reihe.

Doch nun führt Jesus sie heraus, heraus aus der Zeit, in der sie Jüngerinnen und Jünger waren. Heraus aus der Zeit, in der sie hinter ihm zurücktreten, sich von ihm helfen und korrigieren lassen konnten. Er führte sie hinein in die Zeit, in der sie auf sich selbst gestellt waren, in der sie ihre Entscheidungen allein treffen mussten. Das tut weh, viel mehr weh als andere Abschiede. Ist höchstens mit dem Schmerz zu vergleichen, der uns mit dem endgültigen Abschied, also mit dem Tod eines Menschen zugemutet wird, bei dem wir zu Hause waren.

Und in der Tat schließt sich hier am Ende des Lukasevangeliums der Kreis, der begonnen hatte mit dem: "Es begab sich aber". Genau dieses Wort "Es begab sich" taucht hier am Ende wieder auf. So wie es sich damals unter dem Kaiser Augustus begab, dass Jesus in Bethlehem geboren wurde, in Zeit und Raum wie alle anderen Menschen auch. so begab es sich, dass er sich unter dem Kaiser Tiberius in Bethanien bei Jerusalem wieder von dieser Erde verabschiedete. Und damit ist auch das Leben des Christus eingeordnet in Zeit und Geschichte, und die, die nach ihm kommen, sind dem über sie hinweggehenden Fortlaufen der Zeit ausgesetzt, alleingelassen und verwaist. Entsprechend traurig, bedrückt, deprimiert zogen sie nach Jerusalem zurück.

Bloß - so steht das nicht da, sondern da kommt eine ganz überraschende Wende im Text: Hören Sie noch einmal: "Jesus führte seine Jünger hinaus bis nach Bethanien und hob die Hände auf und segnete sie. Und es geschah - wörtlich es begab sich - , als er sie segnete, schied er von ihnen und fuhr auf gen Himmel." Der Segen, der den vom Leben verunsicherten Menschen gilt, der ihnen die Hand auflegt, sie über den Kopf streicht und ihnen zu verstehen gibt: 'Du bist okay. Du kannst ganz ruhig sein. Alles wird gut.' Dieser Segen wird im wahrsten Sinn des Wortes aufgehoben - dem Vergehen der Zeit, den Zufällen des Lebens entnommen, dem garstigen Graben der Geschichte und den Tiefen des Vergessens enthoben, aufgehoben in Ewigkeit. Dank Jesus bleibt dieser Segen an den Himmel geschrieben - und es gibt nun keinen Ort und keine Zeit mehr, wo du nicht unter dem Segen Gottes lebst. Gott ist nicht fertig mit uns, sondern hält seine Hand über uns. Eine Wahrheit, die über die einsam machende Wirklichkeit des Lebens hinausgeht. Wie es in einem Psalm heißt: "Mein Vater und meine Mutter verlassen mich – und dieses Verlassenwerden geht weiter, das ist die Wirklichkeit dieser Welt -, aber der Herr nimmt mich auf. Das ist die Wahrheit, die mit diesem Fest zur Geltung kommen will.
Und deshalb kehrten die Jünger nicht traurig nach Jerusalem zurück, sondern "sie beteten ihn an und kehrten zurück nach Jerusalem mit großer Freude und waren allezeit im Tempel und priesen Gott." In der Tat, hier schließt sich etwas - nicht der Kreis von Geburt und Tod – der wird aufgesprengt - sondern der Bogen Gottes, der die ganze Welt umfasst, Himmel und Erde und auch unser Leben darin einschließt: „Siehe, ich verkündige euch große Freude“ - so sangen am Anfang nur die Engel - und hier ganz am Ende des Lukasevangeliums ist die große Freude voll auf der Erde angekommen, bei sehr irdischen Menschen, die äußerlich gesehen nicht viel zu lachen hatten und dennoch Gott priesen, weil sie sich unter seinem Segen wussten. Ein Segen - so groß, so umfassend, so haltbar, dass auch wir uns darunter stellen und mitsingen und preisen können. Amen.

Steckbrief des Heiligen Geistes

Apostelgeschte 2, 1-18

Liebe Gemeinde!
Eine hinreißende Geschichte, die Lukas uns da zu Pfingsten erzählt: wie der Geist Gottes stürmisch und feurig in die kleine Jüngerschar fährt, Fenster und Türen aufreißt und sie nach draußen fegt, wie sie - die bis dahin so Ängstlichen und Verzagten - ohne jede Scheu auf wildfremde Menschen aus aller Herren Länder zugehen, alle Sprachbarrieren spielend überwinden und das Evangelium so unter die Leute bringen, dass es bei denen auch sofort ankommt. Wie mit einem Schlag die Kirche da ist. Hinreißend und - un glaublich!

Müssen wir auch nicht glauben, dass das damals so abgelaufen ist. Dass der Heilige Geist im Anfang wie ein Erdbeben gekommen ist und er dann im Laufe der Geschichte offenbar immer ruhiger wurde. Bis hin zur Ordnung unserer Gottesdienste, die Kirchenbesucher ja nicht gerade von den Bänken reißen, sondern dem Bedürfnis stiller Sammlung entgegenkommen. Und wenn ich dann noch an die wohl abgewogenen Erklärungen von Synoden und Kirchenleitungen denke, an die gründlichen Protokolle von Kirchenvorstandssitzungen und die harmlosen Texte in unseren Gemeindebriefen - wo ist da noch eine Spur von Sturm und Feuer! Und doch ist das kein Grund, wehmütig und griesgrämig zu werden und zu sagen: Ja damals! Die Kirche heute dagegen die kannste doch vergessen, kein Pep und kein Feuer mehr.

Zumindest den Geist würde ich der Kirche nicht einfach absprechen - auch wenn ich persönlich es gerne lebendiger, temperamentvoller, stürmischer hätte. Doch - das habe ich in meinem Leben gelernt – was schnell kommt, das geht auch schnell. Der Heilige Geist aber geht nicht - er ist im Kommen, immer von neuem und das mit unendlicher Geduld und großem Einfühlungsvermögen. Das war im Anfang nicht anders. Die christliche Kirche ist nach allem, was wir aus den Anfängen - vor allem vom Apostel Paulus - wissen, sie ist nicht mit einem Schlage entstanden; sondern mühsame Lernprozesse und schwierige Konflikte hatte sie zu bestehen von Anfang an. Trotzdem macht Lukas uns hier nichts vor. Denn er will nicht von einem einmaligen Ereignis erzählen. Er will uns vielmehr mit einem sehr anschaulichen Bild vor Augen führen, woran man den Heiligen Geist erkennt, was er bewirkt, wie er in der Geschichte der Kirche und auch heute noch am Werke ist.

Der Heilige Geist - das zeigt Lukas mit seinem Bild als erstes – der Heilige Geist sorgt dafür, dass die Leute Jesu nicht unter sich bleiben und auch nicht an ein Haus und nicht an eine Kirche gebunden sind. So verständlich es ist, dass wir uns in gewohnten Kreisen wohl fühlen und so gewiss wir Orte brauchen, an denen wir zu Hause sind: der Heilige Geist ist kein Hausgott, kein Familiengeist und keine Heimatgottheit. Wenn es anders wäre, wären wir noch die alten Germanen, und das Christentum wäre nie in die Gänge gekommen. Also bei allem Respekt vor dem, was Menschen an einen Ort und an ein Kirchengebäude und an bestimmte Traditionen bindet: der Heilige Geist lässt sich dadurch nicht binden. Sein Erkennungsmerkmal ist nicht Stabilität, nicht das Pochen darauf, dass alles so bleibt, wie es ist. Sein Erkennungsmerkmal ist Mobilität, die Kraft, die uns dazu bringt, uns zu bewegen und zu verändern.
Den Heiligen Geist erkennen wir zum zweiten daran, dass er sich in allen Sprachen dieser Welt äußern kann. Denn er ist darauf aus, dass alle Menschen das Evangelium verstehen und dabei auch mitreden können. Und deshalb gibt es im Christentum keine heilige Sprache. Das Hebräisch, Griechisch, Latein - auch das Kirchenlatein - und das Deutsch Martin Luthers sind dem Heiligen Geist nicht wichtiger als etwa die Sprache in der die Jugendlichen zu Hause sind. So lieb uns die Worte und die Lieder sind, mit denen wir in den Glauben hineingewachsen sind, so unermüdlich dringt der Heilige Geist darauf, dass Kirche sich einlässt auf Sprach- und Lebensformen, die ihr fremd, für andere aber das Zuhause sind.

Und das führt drittens zum Streit: "Die sind doch wohl verrückt, die haben sie doch nicht alle" - so heißt es, wenn Kirche neue ungewohnte, Aufsehen erregende Wege geht. "Die sind voll süßen Weines" - heißt es bei Lukas. So ist das mit dem Heiligen Geist. Eine Kirche, die die festen Mauern verlässt und ungewohnte Wege zu den Menschen einschlägt, wird immer auch Skepsis und Kopfschütteln hervorrufen. Doch damit kann der Heilige Geist leben, dass er nicht nur Begeisterung weckt. Sondern auch für verrückt gehalten wird. Also, liebe Gemeinde, Kritik, Streit, Unruhe sind bei dem, was Kirche tut, nicht zu vermeiden. Jedenfalls wenn der Heilige Geist dabei ist, sind sie unausweichlich.

Und was spricht der Heilige Geist - verständlich in jeder Sprache? Woran erkennen wir, dass er in aller Vielstimmigkeit und Buntheit mit dabei ist und es nicht nur um menschlichallzumenschliche Profilierungssucht geht? Die Menschen, sagt Lukas, hören die Jünger von den großen Taten Gottes reden. In einer Welt, die voller Jammern und Klagen und Schimpfen ist über die anderen und darüber, dass alles schlechter wird und es ein Jammere ist, dass nicht alle solche Prachtkerlchen und Schlaumeier sind wie wir - da von den groáen Taten Gottes reden. Von dem Gott, der die Welt wunderschön geschaffen hat und von den Menschen so groß denkt, dass er sie und zwar jeden von ihnen ins Herz geschlossen hat und nicht ohne ihn und sie sein will. Dass Menschen mitbekommen, was sie aufrichtet und aufbaut, tröstet und ermutigt - daran erkennen wir Gottes Geist. Und daran wird rechter Gottesdienst erkannt, der nicht nur in der Kirche stattfindet, sondern mit und in all dem, was die Freude am Leben und an seinem Geber weckt.

Noch einmal: der Heilige Geist pocht nicht auf Stabilität, sondern macht mobil - bedient sich aller nur möglichen Sprachen und Lebensformen - ist damit auch immer umstritten - und spricht von den großen Taten Gottes.

Und zum Schluss: Wo ist er für mich spürbar als Einzelner, der ja nicht ständig zu tun hat mit dem, was Kirche und Gemeinde machen. Der Heilige Geist ist in jedem von uns, Gott sei Dank. Denn Gottes Geist, so sagt Petrus in seiner Pfingstpredigt: Gottes Geist ist ausgegossen über alles Fleisch. Fleisch - das ist unser ganz natürliches Leben - das Leben, das sich naturwissenschaftlich, medizinisch, apparatemäßig erfassen, analysieren lässt, genetisch disponiert, durch Umwelt und Lernprozesse geprägt und in dem, was einer tut und nicht tut, ziemlich festgelegt. Und dennoch erlebe ich, dass ich über meine Grenzen hinaus gehoben werde, dass meine Seele Flügel bekommt und ich spüre: Ich bin nicht nur von dieser Welt. Ich bin angelegt auf eine Welt, in der Leben heil, ganz und wunderschön ist. In solchen begeisternden Augenblicken ganz intensiven Lebens - ob bei einer liebevollen Begegnung, bei einem bewegenden Konzert, einer zu Herzen gehenden Predigt - , jeder hat da seine eigenen Gipfelerlebnisse - da ist der Heilige Geist ausgegossen auf unser Fleisch. Doch da sind wir wie Blumen, die davon leben, dass das Begießen nicht einmalig bleibt. Und gerade weil wir ihn schon erfahren haben, wie er uns emporhebt aus der Enge des Lebens und die Seele weit macht, singen und beten wir: Komm, Gott, Schöpfer, Heiliger Geist! Amen.

Die Kraft des Heiligen Geistes

Römer 8,1-2.10-11

Liebe Geeinde!

"So ist nun nichts Verdammliches an denen, die in Christus Jesus sind," schreibt Paulus damals - und heute soll das bei uns gepredigt werden.

Nichts Verdammliches? Also, Entschuldigung, lieber Paulus, das wird heute talkshow auf, talkshowab ganz anders gesehen: Kirche erscheint da als auslaufendes Modell - als ein Verein, dem anzugehören sich für junge Dynamiker nicht mehr lohnt. Ein verknöcherter Amtsschimmel - salbadernde Pastoren – leere Kirchen - viel Heuchelei - sauertöpfische Moral bis hin zu konfessioneller Engstirnigkeit und fundamentalistischer Eifertum – dazu auch noch sexuelle Übergriffe - ein reines Horrorkabinett..

Und es gibt ja nicht nur hämisch überzeichnete Urteile von außen. Wir selber klagen doch auch: die Prägekraft der christlichen Tradition nimmt ab, die Sprachlosigkeit in Glaubensdingen wächst, die Kirche zeigt zu wenig Flagge, ehrenamtlich Mitarbeitende sind immer schwerer zu gewinnen, die Hauptamtlichen überlastet und ausgebrannt. Und im übrigen sparen - abbauen - einpacken...
Und dann: Nichts Verdammliches? Da hast Du offenbar mit einer ganz anderen Kirche zu tun, lieber Paulus! Doch, wenn ich mir dann vor Augen halte, welche Probleme Paulus mit der Gemeinde in Korinth hatte, die wir am besten aus seinen Briefen kennen: Ich glaube, Kirche bei uns wäre ihm lieber gewesen. Liebevoll erhaltene Kirchen, eine Gemeinde, die sich im Gottesdienst zu benehmen weiß, kein Durcheinanderschreien, keiner ist betrunken. Das war in Korinth anders.

Und doch sagte Paulus zu denen: "So ist nun nichts Verdammliches an denen, die in Christus Jesus sind". Weil er nicht nach menschlichen Maßstäben urteilt. An denen gemessen, hatten die kleinen Christengemeinden mit dem gekreuzigten Juden als Gott auf dem bunten Weltanschauungsmarkt des römischen Reiches keine Chance. Da wies der Daumen des unterhaltungs- und spaßsüchtigen Publikums nach unten. Gottes Daumen aber weist bei den Christen nach oben nicht weil sie besser wären als die andern, natürlich nicht. Aber weil sie nicht mehr sein wollen als Schwestern und Brüder

Jesu Christi. Weil sie nicht so tun, als hätten sie sich selbst geschaffen und sich auch selbst in der Hand, weil sie ihr Leben Gott verdanken und sich in seine Hand geben. Darum sieht Gott nichts Verdammliches an den Christen, nichts, was ihn hindern könnte, mit dieser Kirche und mit dieser Gemeinde etwas anzufangen.

Wo es allem Unbehagen an der Kirche entgegen, aller Unzufriedenheit mit uns selbst und allen Zweifeln zum Trotz heißt: Nichts Verdammliches - da ist Pfingsten. Denn da äußert sich ein Geist, der menschlichem Denken und Urteilen widerspricht - ein Geist, der nur von Gott selbst kommen kann.

Und davon ist im nächsten Satz auch schon die Rede: "Denn das Gesetz des Geistes, der lebendig macht in Christus Jesus, hat dich frei gemacht von dem Gesetz der Sünde und des Todes." Frei gemacht von dem Gesetz der Sünde und des Todes - was ist das anderes als freigemacht von dem, was dich zwangsläufig ungenügend, fern von Gott und tot erscheinen lässt? Du bist frei von dem Zwang, dich fragen zum müssen: Reicht das eigentlich, was ich an Lebensleistung vorzuweisen habe? und dann regelmäßig feststellen zu müssen: Ungenügend. Da ist zu vieles kaputt und zerbrochen. Von Gottes Kraft und Segen ist in meinem Leben so verzweifelt wenig zu spüren. Die Quelle des Lebens - sie sprudelt nicht mehr. Frei bist du von solchen Zwängen der Selbstbeobachtung und -verurteilung. Du stehst unter einem ganz anderen Gesetz. Dem Gesetz des Geistes, der dich nur auf eines, nein, auf einen weist: auf Jesus Christus. Und der will frei und tauglich machen, was unter dem Vorzeichen des Ungenügend steht.
Deshalb stehen Christen und die Kirche unter dem Motto: Frisch und frei allem entgegen, was einen Menschen out erscheinen lässt!
Und das Gesetz des Todes? Dieses Out ist uns doch unauslöschlich auf den Leib geschrieben. Und einen Leib zu haben, der dem Tode geweiht ist, macht natürlich auch unserer Seele zu schaffen. Ganz anders als es die Seelengläubigen annehmen. Sie meinen ja, die Seele, der Geist des Menschen sei unabhängig von seinem Körper und alles komme darauf an, dass der Mensch innerlich, geistig-seelisch abhebt von dem, was ihn körperlich schwach und sterblich macht. Die Bibel ist da nüchterner. Sie weiß, wie Schmerzen deprimieren, wie das Sterbenmüssen die Seele verdunkelt, wie man verrückt werden kann über die Trennung von einem geliebten Menschen. Wie der festeste Glaube einen Menschen nicht davor schützen kann, am Ende auch seelisch auf Null zu kommen.
Und doch hat er uns schon lange erfasst - der Geist Gottes, der Wahrheit und des Lebens - der Geist, der gegen den Tod rebelliert und uns den Widerstand gegen ihn bis zum

letzten Atemzug eingibt.

- der Geist, der stark macht, sich entschlossen für den Frieden einzu setzen, auch wenn er hundertmal durch Gewalt und Terror wieder zers tört wird.
- der Geist, der den Kampf für Gerechtigkeit aufnimmt, auch wenn das Recht des Stärkeren sich dann doch wieder durchsetzt.
- der Geist, der der Schöpfung Gottes die Treue hält, auch wenn das Out unseres Planeten schon programmiert zu sein scheint.
- der Geist, der das sehnsuchtsvolle wie das triumphierende Lob Gottes in der Musik wach hält und Menschen anzieht und berührt, auch wenn ihr Kopf mit dem Glauben nichts anfangen kann.

Doch das ist noch nicht alles. "Wenn nun der Geist dessen, der Jesus von den Toten auferweckt hat, in euch wohnt, so wird er auch eure sterblichen Leiber lebendig machen durch seinen Geist, der in euch wohnt."

Der Geist Gottes ist alles andere als etwas Flüchtiges, Luftiges, Verwehendes. Es ist die Macht, die Jesus aus dem Tode herausgeholt hat. Eine Macht die Felsen, aber auch alle Vorstellung sprengt. Er, den man ans Kreuz genagelt und in einem Grab verschlossen hat - Er, Jesus Christus, ist so lebendig, dass Menschen ihn in allen Teilen der Welt vor Augen und im Herzen haben, sich von ihm ansprechen und in die Pflicht nehmen lassen.

Diese Macht, der Geist unbändigen und unbesiegbaren Lebens, steckt mit drin in unseren zaghaften Glaubensversuchen und wird uns festhalten, bis er ein Ende gemacht hat mit dem Todesspuk in dieser Welt, bis er Sie und mich herausholt aus dem Out des Todes, damit wir Anteil haben an der Welt Gottes, in der es vorbei ist mit diesem elenden Gegensatz von Glauben und Sehen, von Gottes Güte und menschlichem Leiden, von Wollen des Guten und Tun des Bösen. Das ist die Perspektive, unter der wir leben. Und das bleibt die Aufgabe der Kirche, mag sie auch noch so kümmerlich und überholt erscheinen, dem Kommenden das Wort zu reden und damit zu zeigen, wes Geistes Kinder wir sind. Amen.

Johannes der Täufer und Jesus

Markus 1,1-8

Liebe Gemeinde!

Heute in einem halben Jahr - auf den Tag genau - ist Heiligabend, an dem wir die Geburt Jesu begehen. Der heutige Tag steht im Jahreskreis jenem Tag der Sonnenwende im Winter genau gegenüber. Und auch auf die Sonnenwende in der hellen Jahreszeit haben die Christen einen Geburtstag gelegt, die Geburt Johannes des T„ufers. Beide Geburtstage erinnern an Männer, wie sie unterschiedlicher kaum sein können. Aber sie gehören beide zum Evangelium. Mit Johannes wird sogar der Anfang gemacht. "Dies ist der Anfang des Evangeliums von Jesus Christus." Mit diesem worten beginnt Markus sein evangelium. lAber dann erzählt er eben nicht von der Geburt Jesu, sondern zuerst von jenem merkwürdigen Wüstenprediger, der sich unten am Jordan zwischen der Wüste und dem fruchtbaren bewohnten Land aufhielt.

Er lebte von dem, was die Wüste hergab: Heuschrecken und wilden Honig aß er. Nicht gerade lecker! Und er kleidete sich mit verfilzten Kamehaaren. Auch wenn es damals noch keine Markenklamotten gab und noch keine Supermärkte, die überquollen von den schönsten Lebensmitteln: die Leute haben den Kopf geschüttelt und die Nase gerümpft über diesen wilden unappetitlichen Kerl.

So mussten auch die ‚Ärmsten nicht leben. Und Johannes hätte es schon gar nicht nötig gehabt. Denn er war keineswegs zu vergleichen mit jenen armseligen Gestalten, die sich zuweilen in der Fußgängerzone mit Bierdose oder Rotweinflasche breit machen und an denen die anständigen Bürger angewidert vorbeigehen. Johannes war ein Mann, der trotz seiner abstoßenden Gestalt die Massen anzog, also so etwas wie ein Publikumsmagnet sozusagen., . Und was hätten die Wohlhabenden in seinem Publikum nicht dafür gegeben, ihn nach Kräften zu sponsern, ihn richtig auszustaffieren und fürstlich zu bewirten! Aber genau das war das Faszinierende an ihm, dass er von all dem nichts brauchte. "Ich komme ohne euch zurecht", gab er den Menschen zu verstehen, brauche nicht euern Lebensstandard, brauche nicht euer Geld. Mir geht es um ganz etwas anderes. Mir geht es darum, dass ihr Buße tut und frei werdet von der Sünde.

Nun sind das Worte, die furchtbar alt und verstaubt klingen - Buße und Sünde, Worte, die keiner hören will, weil sie die Menschen verdorben und schlecht erscheinen lassen. Wer will das schon sein? Das wollten die Menschenmassen, die zu Johannes an den Jordan kamen, auch nicht. Aber sie verstanden noch, was die Worte Buße und Sünde eigentlich sagen wollen, nämlich: Ihr seid auf einem Weg, der ins Verderben führt, wenn ihr nicht

schleunigst kehrt macht. Euer Verderben ist, dass ihr Gott nicht mehr auf der Rechnung habt. Euer Verderben ist, dass ihr euch selbst in den Mittelpunkt eures Lebens stellt und euch nur darum dreht, was euch nutzt, was euch voranbringt. Das Leben wird zum gnadenlosen Kampf, der heute so irrsinnige Züge annimmt, dass der eine größere Teil der Menschheit in Hunger und Elend versinkt, während der andere davon krank wird, dass er zu gut isst und zu viel trinkt. Vor kurzem hat Henning Scherf, der frühere Bremer Bürgermeister, den Johannes so auf den Punkt gebracht: Wenn ihr Gott und seine Geschichte mit den Menschen streicht, was bleibt euch dann: Essen, Trinken und das bisschen Sex - das soll unser Leben sein?
Dafür also steht Johannes: dass wir den nicht ausblenden dürfen, dem wir die Welt und unser Leben zu verdanken haben. Dafür steht er, dass wir mit dem Kampf um den besten Futterplatz das Leben verspielen. Zukunft und Bestand gibt es nur, wenn wir uns zuerst und vor allem nach Gott richten, ihn groß und bedeutend werden lassen, nach seinem Willen fragen und angehen gegen das, was ihm im Wege steht - das Ich, Ich nur, nur-Ich. Johannes steht für das Recht Gottes, der sich nicht abfindet damit, höchstens noch mal in den Kuschelecken des Lebens als lieber Gott vorkommen zu dürfen. Nein. Bei Gott geht es um Alles oder Nichts. Entweder du richtest dich nach ihm in allem, was du tust, lässt ihn dein Ein und Alles sein - oder du bist ohne ihn, hast ihn gegen dich und verwirkst dein Leben.

Zu diesem kompromisslosen Bekenner eines unausweichlichen Gottes hat auch Jesus sich gehalten. Auch er ist zu Beginn seines Wirkens an den Jordan gezogen und hat sich zum Zeichen dafür, dass er umkehre und sich ganz Gott zuwenden wollte, vom Wüstenprediger Johannes taufen lassen. Doch dabei erlebte er eine noch viel größere Wende: Er erlebte eine Wende Gottes. Er erlebte die Wende von dem fordernden, übermächtigen, ja bedrohlichen Gegenüber des Menschen zur froh und frei machenden Macht der Liebe, die ihre Freude hat an den Menschen, die alles tut, um sie vor Bösen zu bewahren. Wie Vater und Mutter mit offenen Armen der in die Irre gegangenen Tochter, dem Sohn entgegenlaufen - so läuft Gott auf uns zu.
Und deshalb hat Jesus den Johannes am Jordan zurück gelassen und ist mit seinen Jüngern losgezogen in die Dörfer und Städte, um den Menschen nahezubringen, dass Gott hinter ihnen her ist und nicht müde wird, bis er ihr Herz gewonnen hat und das vor allem bei denjenigen, die ihre Hoffnung lange aufgegeben und Gott abgeschrieben hatten. Und ganz anders als Johannes war Jesus kein Asket und Sonderling, keiner, der sich abwendet von dem, was Freude macht und Spaß bringt. Nein, er ging mitten hinein ins

Leben, ging auf die Menschen zu, ließ sich gern einladen und ging mit seinen durchaus nicht immer feinen Begleitern keiner Feier aus dem Wege, sodass er sogar als Fresser und Weinsäufer verschrien war. Weil Gott uns nicht das Leben neidet, weil er seine Freude hat an fröhlichen Menschen, die seine Gaben zu schätzen aber auch zu teilen wissen und darauf achten, dass möglichst viele miteinbezogen werden. Denn die Liebe Gottes kennt keine und zieht keine Grenzen.
Diese frohe Botschaft, dieses Evangelium hat zwei große Wendepunkte. Zum einen den Wendepunkt, für den Johannes steht: die Wende zu dem Gott, der wichtiger ist als alles andere in der Welt, Und zum andern den Wendepunkt, für den Jesus steht, indem er einen Gott verkörpert, dem nichts wichtiger ist als der Mensch - und mag er auch noch so klein und unbedeutend sein. Dieses Evangelium finden wir markiert in den beiden Sonnenwendenden des Jahres, wenns am hellsten und am dunkelsten ist. Mit Johannes bekommen wir den Anstoß, uns auf Gott zu richten und mit Jesus werden wir gelockt, ihm von Herzen zu vertrauen. Weil sich so die Welt nach seinem Willen verändert. Amen.

Die Engel und Erzengel Michael

Jesaja 6, Offenbarung 12

Liebe Gemeinde!

Der Michaelistag am Sonnabend dieser Woche war früher ein hoher kirchlicher Feiertag. Da wurde nicht gearbeitet, zur Schule brauchte auch keiner. Dafür gingen Groß und Klein in die Kirche, um Michael und mit ihm allen anderen Engeln die Ehre zu erweisen. Doch im Laufe der Zeit drängte das Erntedankfest, das ja gleich darauf gefeiert wird, den Michaelistag in den Hintergrund. Die Früchte der Erde waren den Menschen wohl näher als der Himmel mit seinen Engeln. Den Protestanten erschien die Sache mit den Engeln sowieso als ein Überbleibsel aus katholischen Zeiten. Darauf können wir ruhig verzichten, sagten sie. Denn der Glaube an Engel lenkt doch nur ab von dem Glauben an Gott und an Jesus Christus. So geriet der Erzengel Michael in Vergessenheit.
Beliebt aber blieben die Namen Michaela und Michael. Auf englisch Mike Doch die Deutschen haben eine besondere Nähe zu diesem Namen. Und das schon seit mehr als tausend Jahren. Damals hatte Kaiser Otto der Große seine Truppen unter einem Banner mit der Darstellung des Erzengels Michael auf dem Lechfeld gesammelt und das Reich mit Erfolg gegen die Ungarn verteidigt. Seitdem galt Michael als Schutzpatron der Deutschen. Und so kam es wohl zum deutschen Michel. Mit der Zipfelmütze auf dem Kopf kennt man ihn von Bildern und Karikaturen. Zipfelmütze, Spießbürgerlichkeit und Verschlafenheit - zu Michael passt das nun überhaupt nicht, das werden wir noch sehen. Aber zu den Deutschen passte das in der Tat, weil sie verschlafen und vergessen hatten, wofür der Michel eigentlich steht - für den Erzengel. Und außerdem hätten sie wissen müssen, dass Michael seit alters als der Schutzengel des Volkes Israel gilt. Was wäre den Juden in Deutschland erspart geblieben, wenn die Christen wach geblieben wären dafür, dass sie denselben Schutzengel hatten wie das Volk Israel!
Nun, auf Dauer haben die Protestanten die Engel nicht verdrängen können.Gerade in unserer Zeit tauchen sie überall wieder auf - nicht nur in der Sprache der Verliebten. Auch in Schlagern und Filmen, ganz massiv sogar in der Werbung. Und auch in alltäglichen Gesprächen wird ganz unbefangen von Schutzengeln geredet. So hat es seinen guten Sinn, nach den Engeln zu fragen und besonders nach dem Engel, der einen Namen hat.Michael. Das ist hebräisch und heißt auf deutsch: Wer ist wie Gott? Dieser Name kann für alle Engel stehen. Alle haben sie mit der Frage nach Gott zu tun

Das wird uns in der ersten Lesung vor Augen geführt: Da beschreibt der Prophet Jesaja eine Begegnung mit Gott im Tempel von Jerusalem. Das geht zunächst so los, wie wir das von Kinderbildern her kennen oder uns vielleicht auch selber schon vorgestellt haben, nur noch gewaltiger: Gott - so sagt Jesaja - sitzt auf einem riesigen Thron. Der Thron und die Gestalt darauf sind so unvorstellbar groß, dass der gewaltige Tempel in Jerusalem noch nicht einmal den Saum von Gottes Gewand zu fassen vermag. Und wer wissen will, wie der auf dem himmelhohen Thron sitzt, denn nun aussieht und dabei vielleicht schon an den alten Mann mit dem langen weißen Bart denkt - nein, von Gott selbst ist nichts zu sehen. Von Seraphim, von Engelwesen ist die Rede, die den Unfassbaren vor den zudringlichen Augen und Gedanken der Menschen zu schützen haben und dabei anbetend das "Heilig, heilig, heilig" singen.

Engel haben ihren Platz, wo die Frage nach Gott auftaucht, die Frage nach dem Geheimnis, das hinter der Welt und unserem Leben steht. Sie haben dafür zu sorgen, dass Gott ein Geheimnis bleibt, dem nicht und niemals beizukommen ist mit dem, was wir reden, denken, wissen und können. Michael - die Verkörperung der Frage "Wer ist wie Gott?" – will uns davon abhalten, uns mit Gott auf eine Stufe zu stellen, ihn zu begründen, zu vergleichen, zu beurteilen, zu zerreden. Gott - so zeigen uns die Engel - gehört nicht in die Sprache des Alltags, die mit allem fertig wird und für alles eine Erklärung hat. Ihm werden wir nur mit e i n e r Sprache gerecht, mit der Sprache der Anbetung.Gott anbeten statt über ihn reden: Der moderne Mensch hat dafür – so finde ich - ein sehr feines Gespür. Wir scheuen uns, direkt von Gott zu reden. Kaum ein Thema wird in der Alltagssprache so gemieden wie alles, was mit Gott und unserer Beziehung zu ihn zu tun hat. Nicht weil wir ihn vergessen hätten. Nein, in die Alltagssprache passt er nicht. Gott ist zu geheimnisvoll, unfassbar.

Andrerseits hat Gott nun doch auch mit unserem Alltag zu tun. Wie oft erleben wir Gutes, das wir nicht verdient haben und eigentlich auch nicht richtig erklären können. Dann reden wir statt von Gott lieber von Engeln, und keiner findet etwas dabei, keinem ist das peinlich. Gott kommt dabei nur indirekt, verhüllt zur Sprache. Das Geheimnis bleibt erhalten. Und doch kann davon erzählt werden, wie wir Alltagsmenschen es mit Gott zu tun haben. Dank der Engel!

Die zweite Lesung kommt aus der Offenbarung. Sie stellt uns die Welt Gottes in großen symbolhaften Bildern vor Augen.Michael, den Fürsten der Schutzengel, sehen wir hier als Kämpfer gegen den Satansdrachen, das Urbild des Bösen. Der hat sich im Himmel bedrohlich breit gemacht. An Gott selbst kommt er nicht heran. Aber das Buch des

Lebens, das buch, in dem die Namen derer stehen, die im Leben verloren, obwohl sie auf Gott vertraut haben. Darauf hat der Teufel es abgesehen. Denn wenn es dieses Buch des Lebens nicht mehr gibt, dann ist der Himmel für die Menschen abgeschafft. Dann zählt nur noch, was du aus deinem Leben machen kannst und wie dir hier auf Erden mitgespielt wird. Da braucht niemand mehr nach Gott zu fragen. Jeder ist auf sich selbst gestellt und darauf angewiesen, so viel wie möglich für sich selbst heraus zu holen

Ich versuche mir eine solche Welt vorzustellen; Die Welt ohne Gott, ohne Himmel, ohne Engel - ohne jenes seltsame Buch des Lebens, das der Satan rauben will. Die Starken und die Gesunden, die Schönen und dieReichen, sie hätten alle Lebenschancen. Und voran käme nur, wer rücksichtslos auf seinen Vorteil bedacht ist. Kranke und Behinderte, Zaghafte und Gutherzige - sie blieben auf der Strecke,- ein für allemal. Und wer den Kürzeren zieht im Lebenskampf, hätte zu tun, was die Sieger von ihm verlangen. Humanität gäbe es nicht, für die Menschen gälte nur doch das Gesetz des Dschungels. Das wäre die Hölle. Und genau das will jener Drache, der Satan, der in den Himmel eindringt.

Doch Michael - so wird erzählt - rettet das Buch des Lebens, kämpft den Satan nieder und wirft ihn aus dem Himmel auf die Erde. Der Himmel ist dem Teufel nun verschlossen - aber auf der Erde, da ist er noch los, der Teufel. Und wie! Denn er bringt die Menschen, die an sich doch nur das Gute wollen, dazu, sich das Leben gegenseitig schwer zu machen und oft genug zur Hölle.

.

Der Erzengel Michael aber ist ein Bild dafür, dass der Himmel nicht abgeschafft ist. Was Menschen hier auf Erden tun und vor allem erleiden, ist nicht aus dem Gedächtnis Gottes zu löschen. Das Buch des Lebens liegt aufgeschlagen vor ihm. Und der Himmel Gottes - für die auf der Erde Lebenden ist er keine abgeriegelte Welt. Er strahlt auf die Menschen aus, stiftet sie zum Guten an und bietet dem Bösen Paroli. Die himmlische Lobgesänge der Engel finden ihren Widerhall in dem, was zu Gottes Ehre bei uns gesungen und musiziert wird und die Herzen aufschließt für eine Welt, in der das Opfer, das Lamm - Jesus Christus – den Sieg davon trägt, in der die Tränen getrocknet, die Opfer aufgerichtet und zu ihrem Recht gebracht werden. Der den Drachen besiegende Michael führt uns vor Augen, dass die Schwachen, die Looser, die an den Rand des Lebens Geratenen nicht am Ende sind. Sie haben die Macht des Himmels auf ihrer Seite..Der starke Michael, die Macht des Himmels zeigt sich auf Erden in der oft schon unfassbaren Widerstandskraft von Menschen, die sich um Himmels willen nicht mit dem Unrecht abfinden. Die sich durch noch so viel Terror und kriegerische Gewalt nicht davon abbringen lassen, nach Frieden zu suchen und für ihn zu arbeiten. Die Macht des Himmels zeigt sich in der Beharrlichkeit, mit der wir uns dagegen wehren, unheilbar Kranke oder im Tiefsten gebrochene Mitmenschen aufzugeben. Was für starke Lebenszeichen Gottes, die da mitten in unseren Alltag hinein reichen und den Namen des stärksten Schutzengels verdienen!

Wo immer uns der Name Michael begegnet, da will er uns die Frage stellen: Wer ist wie Gott? Die Antwort lautet: Niemand ist wie Gott. Aber wir .sind bei Gott. Das zeigt er uns an seinen Engeln und in dem, was uns stark macht, dem Bösen zu widerstehen wie Michael.

Und der Friede Gottes, welcher höher ist als alle Vernunft, bewahre unsere Herzen und Sinne in Jesus Christus. Amen.

Ernte ohne Dank

Lukas 12, 16-21

Liebe Gemeinde!□

So sehr ich den Erntedankgottesdienst liebe mit dem reich geschmückten Altar, sozuagen einem Schaufenster des Segens, mit Posaunen- und Orgelklang, mit der vollen Kirche und dem kräftigem Gemeindegesang und den schönen Lob- und Dankliedern - so sehr ich das alles liebe, so mulmig wird mir immer, wenn das Evamgelium vom reichen Kornbauern verlesen wird. In all der Feierlichkeit wirkt das auf mich immer wie eine Art Vollbremsung: das Bild von dem Bauern, der Gott mit seiner Selbstgefälligkeit stocksauer werden lässt. Und ich weiß von vielen, besonders von Landwirten, dass es ihnen bei dieser Geschichte nicht anders geht. Weil sie in diesem Kornbauern ein Zerrbild ihres Berufes sehen. Völlig zu Recht fragen sie: Warum kommt ausgerechnet im Erntedankgottesdienst immer nur dieses Negativklischee eines Bauern zum Zuge? Warum wird der Landwirt statt dessen nicht dargestelt als das, was er doch vor allem anderen ist, nämlich als Mitarbeiter an der Schöpfung Gottes, auf den Gott für eine gute Ernte auch dringend angewiesen ist.

Wie sehr das gilt, das hat mir ein Landwirt mal sehr drastisch vor Augen geführt.

Er erzählte von einem Pastor, der neu in die Gemeinde gekommen war. Ein Landwirt aus dem Kirchenvorstand hatte sich mit ihm ins Auto gesetzt, um ihn mit der Feldmark der Gemeinde vertraut zu machen. Es war kurz vor der Getreideernte: Die Kornfelder standen in der vollen Frucht, die Halme bogen sich unter der Last der Ähren - ein wunderschönes Bild.

„Sehen Sie" , sagte der Pastor, „hier ist es wieder mal mit Händen zu greifen, was der Herrgott Großes an uns tut!" Der Bauer schluckt, sagte aber nichts. Das nächste war ein riesiger Kartoffelacker. Die Pflanzen standen in Reih und Glied, kein Unkraut, kein Pilzbefall, ein Bild von Ordnung und Fruchtbarkeit. „Großartig", sagte der Pastor, „großartig was unser Herrgott in seiner Schöpfung leistet." Der Bauer schwieg und fuhr weiter zu einem sogenannten Biotop. Es bot ein wildes Durcheinander von verholztem Buschwerk, mannshohem Unkraut, Disteln, Dornen, Brennesseln. „Wie sieht das denn hier aus!" rief der Pastor empört. „So geht das doch nun wirklich nicht!" – „Ja, Herr Pastor", sagte der Bauer, „hier haben wir den Herrgott mal ganz allein arbeiten lassen."

Keine Frage, die Ernte ist immer das Ergebnis bon schöpferischen Kräften in der Natur und menschlicher Arbeit - ob auf den Feldern oder in unseren Gärten. Ohne Arbeit, ohne Müh und Fleiß gibts auch keine Ernte, von der man leben könnte. Und so ist die Ernte immer auch eine Leistungsschau landwirtschaftlicher und gärtnerischer Arbeit und

Kompetenz. Aber dass wir arbeiten können und dass menschliche Arbeit nicht vergebens ist, sondern Früchte trägt, das ist nun allemal ein Grund zum Danken. Und ich bin sicher, das alles hat der reiche Kornbauer auch gewusst. Erntedankfest hat der auch gefeiert.
Wnn von ihm wird hier noch mehr erzählt wird, dann nicht, nicht um den Bauern eins auszuwischen, sondern um aufmerksam zu machen auf das, was bei uns allen trotz aller Dankbarkeit leicht unter den Tisch fällt. Was wir aber beachten sollten, wenn wir uns nicht zu Narren machen wollen. Und wer will das schon! Du Narr, das sagt Gott ja am Ende zum Kornbauern. Warum? Nicht, dass er reich ist, wird ihn zum Vorwurf gemacht. Nicht, dass er investiert hat in neue Gebäude, um die große Ernte auch einfahren und erhalten zu können. Wäre ja auch noch schöner, wenn er das, was in die alten Scheunen nicht hineinpasste, einfach hätte vergammeln lassen. Was ihn zum Narren macht, ist dass er meint, sein Besitz könne ihm seine Zukunft sichern. Närrisch ist es, sich mit Geld und Gut, mit Bankguthaben und Versicherungen aller Art Zeit, Zukunft kaufen zu wollen. Närrisch ist das nicht nur deshalb, weil - wie gerade gehabt - ein Bankencrash uns einen Strich durch die Rechnung machen könnte. Viel wichtiger ist, dass wir aus einem ganz anderen Stoff sind als das, woran wir uns so gerne halten und festklammern: Haus und Grund, Vorräte, Erbstücke, Wertsammlungen aller Art. Das alles mag noch sehr lange existieren, aber wie lange wir da sind, das ist nicht in unsere Hand gegeben. Das ist unabhängig davon, wie viel wir besitzen.
Auch wenn man meint, sich die besseren Medikamente und Hilfsmittel und die teureren Ärzte leisten zu können. Letztlich aber weiß keiner von uns, wie lange die ihm und ihr geliehene Zeit noch währt. Also, sich festhalten zu wollen an Dingen, die selber bleiben, uns aber nicht halten können, das ist und macht närrisch, keine Frage.
Doch was haben wir davon, uns vor Augen zu halten, es uns immer von neuem einzuprägen, dass wir Leben nur auf Abruf haben? Dass wir ins richtige Verhältnis kommen zu dem, der uns das Leben gegeben und auf Zeit verliehen hat. Das haben wir davon. Dass wir uns öffnen für den, der uns hier haben will und der Wert darauf legt, dass wir das von ihm verliehene Leben nach seinem Willen gestalten, dass wir als Töchter und Söhne Gottes leben können, das haben wir davon. Damit werden wir reich bei Gott. Nicht weil wir ihm viel zu bieten hätten. Mit unserm bisschen Gottvertrauen kommen wir nicht weit, zumal das auch recht labil ist. Nein, wir werden reich bei Gott, weil wir im Vaterunser beten: Dein Reich komme und wir damit Halt finden bei ihm und ein Zuhause, aus dem uns keiner vertreiben kann.

Zum Schluss, was hätte sich bei dem reichen Kornbauern geändert, wenn er sich nicht närrisch an seinen Besitz gehängt, wenn er die Rechnung nicht ohne den Wirt gemacht und sich statt dessen umsichtig für Gott geöffnet hätte? Er hätte aufgehört, Selbstgespräche mit seiner Seele zu führen und hätte Gott geantwortet auf all das, was der ihm geschenkt, womit der ihn angesprochen hat. So oder so ähnlich wäre seine Antwort gewesen, und so kann unsere Antwort aussehen:

Gott, ich danke dir dafür, dass du mir viel mehr gegeben hast als das, was ich selber brauche. Gib mir einen klugen Kopf und ein warmes Herz, damit so umzugehen, dass möglichst viele davon leben können. Ich danke dir für diesen neuen Tag. Ich danke dir für alle und alles, womit du mir deine Liebe und deine Aufmerksamkeit zeigst. Ich danke dir für das Licht der Sonne, dafür dass ich atmen, sehen, hören, riechen, schmecken, fühlen und mich bewegen kann. Ich danke dir für das Leben, das in mir steckt, meine Gaben und meine Ideen, meine Interessen und meine Träume. Und ich danke dir für die Menschen, die mich lieb haben, die mich brauchen und die ich brauche, Lass uns die Zeit, die du uns schenkst, nutzen, einander die Freude am Leben zu mehren und die Lasten tragen zu helfen.

So, lieber Gott, befehle ich mich, meinen Leib und Seele und alles in deine Hände. Dein heiliger Engel sei mit mir, dass der böse Feind der Gottlosigkeit keine Macht an mir findet. Amen.

Buße tun – wie geht das?

Lukas 13, 1-5

Liebe Gemeinde!

Jesus wird von einer aufsehenerregenden Greueltat berichtet. Er hört sozusagen Nachrichten. Es ging um einen Vergeltungs- oder auch Präventivschlag des römischen Statthalters gegen Galiläer, die er für Partisanen hielt - heute heißen sie Terroristen. Die hatte er heimtückischerweise ermorden lassen, als sie sich im Tempel aufhielten, in dem sie keine Waffen tragen durften, also wehrlos waren. Und dann ist auch noch die Rede vom Einsturz eines öffentlichen Gebäudes, bei dem achtzehn Menschen ums Leben gekommen waren. Und natürlich fragte sich jeder- das war damals nicht anders als heute - woran liegt es, dass diese Menschen einen so schrecklichen Tod finden mussten? Wer davon überzeugt ist, und das waren damals viele -, dass ein Mensch das Schicksal bekommt, was er verdient, für den ist die Sache schon geklärt: Es wird schon seinen Grund gehabt haben, dass es gerade diese Menschen getroffen hat; die werden schon gehörig was auf dem Kerbholz gehabt haben. Jesus weist solche Schuldzuweisungen entschieden zur□ck. Wer meint, dass ein Mensch schuld ist an seinem Schicksal und wer dafür vielleicht auch noch den Glauben an die Seelenwanderung bemüht, wenn er in diesem Leben keine Erklärung findet, auf Jesus kann man sich mit solchen Erklärungen jedenfalls nicht berufen.

Aber es gibt ja noch ganz andere Reaktionen auf Schreckens- und Ungl□cksmeldungen. Wo ein Krieg zivile Opfer fordert, da ist von Kollateralschäden die Rede, von Opfern, die man halt in Kauf nehmen muss, wenn man zur eigenen Sicherheit militärische Ziele treffen und ausschalten will- Oder Teufelskreise müssen zur Erklärung herhalten. Vor allem im Blick auf den Konflikt zwischen Israel und den Palästinensern, wo es keinen Ausweg mehr zu geben scheint aus den Zwangsmechanismen von Terror und Vergeltung. Ähnlich waren die Verhältnisse damals zwischen der römischen Besatzung und gewaltbereiten jüdischen Patrioten.- Bei Unglücksfällen wird die Ursache - die Schuld - in technischem, oder auch menschlichem Versagen gesucht - als sei die Sache damit erledigt, dass ein defekter Radreifen hundert Menschen in den Tod reißen kann oder die Übermüdung eines Busfahrers – eine Sekunde der Unaufmerksamkeit - das Leben von vielen Schulkindern fordert. Eine andere Reaktion besteht darin, Gott die Schuld zu geben an dem, was uns erschüttert: Wie kann er das zulassen? So als sei er verantwortlich für das, was Menschen tun. Und wie der Sündenbock in die Wüste geschickt wurde, so wird Gott, den man und

frau nicht verstehen, aus dem Leben getrieben: Mit Gott brauchst du mir nicht mehr zu kommen; mit dem bin ich fertig. Und dann gibts natürlich die vielen, zu denen ich oft auch gehöre, die es aufgegeben haben, nach Erklärungen, nach Gründen, nach Schuld zu suchen, die sagen: Es ist alles ganz schrecklich. Aber was hilfts? Ich lebe hier und kann nur heilfroh sein, von solchen Katastrophen verschont zu sein.
Glaubt nicht, sagt Jesus, dass ihr mit solchen Erkl„rungen und Auskünften,, die sich das Unglück vom Leibe zu halten suchen, davonkommt. Keiner von euch ist davor gefeit, auf erschreckende Weise umzukommen. Abzustürzen in ein sinnloses Nichts, in dem euch kein törichter Erklärungsversuch und auch kein ferner Gott mehr helfen kann. Es sei denn, ihr kehrtet um, kehrt um zu dem Gott, der bei allem, was euch erschüttert und was ihr nicht versteht, da ist und hört, wenn ihr ruft, schreit, betet: Wir singen: Aus tiefer Not schrei ich zu dir.

Ihr seid alle zu sinnlosem Tod verdammt, sagt Jesus, wenn ihr nicht Buße tut. Was meint er damit, mit Buße tun? Uns klar werden über eigene Schuld, wie wir das eben versucht haben, hat gewiss etwas damit zu tun. Aber wars das schon? Statt einer langatmigen Erklärung über das, was Buße ist, erzählt Jesus wie fast immer eine Geschichte, anschaulich aus dem täglichen Leben.

Lukas 13, 6-9

Um einen Feigenbaum geht es, der keine Früchte trägt. Und um einen Obstbauern, der sich das nicht bieten lässt. Gewiss, dass ein Baum mal ein Jahr aussetzt, das kann passieren. Aber drei Jahre hintereinander - in einer Gegend, in der späte Nachtfröste unbekannt sind. Nein, da ist nichts mehr zu erwarten. Zum Schmarotzer hat sich dieser Baum entwickelt. Also her mit der Axt und weg damit! Um eine todernste und anscheinen hoffnungslose Sache geht es hier. Darum dassá ein Mensch sein Lebensrecht eingebüßt hat. Weil er schuldig geblieben ist,
woran er als Mensch erkannt wird und womit er anderen das Leben genießbar und schmackhaft machen kann, nämlich mit Menschlichkeit und verschwenderischer Großherzigkeit. Statt dessen Angst, nicht genug zu kriegen, festhalten, Recht haben, abwehren. Und nichts kommt dabei heraus.
Die Geschichte geht nun so weiter, dass Veränderung und Erneuerung, dass Buße und Umkehr erreicht wird - aber nicht bei dem Baum, sondern bei dem Obstbauern, nicht bei den Menschen, sondern bei Gott. Er – der so gerne als unwandelbar und heute

zunehmend gern als unpersönliche Macht oder als geistiger Kraftstrom dar- und vorgestellt wird - Gott lässt sich umstimmen und erweist sich damit völlig anders, als die religiösen Vernebelungskünstler mit ihrer Parole: Wir haben doch alle den gleichen Gott, glauben machen möchten. Nein, ein himmelweiter Unterschied besteht zwischen dem kosmischen Garanten dafür, dass alles nach Gesetzen verläuft und jeder Mensch kriegt, was er verdient, und jenem Gott, der sich angesichts eines hoffnungslosen Falles umstimmen lässt von jemandem, der dafür eintritt, dem fruchtlosen Baum, den an Menschlichkeit Armen Zeit einzuräumen, nicht eine Zeit passiven Abwartens sondern eine Zeit, in der an dem Baum behutsam Gutes getan wird.

Und mir wird klar: Der Baum meines Lebens besteht nur deshalb noch, weil Gott dem vertraut, der sich für hoffnungslose Fälle einsetzt; der Nährstoffe an die Wurzeln bringt, wo andere fordern, das Übel an der Wurzel zu packen. Der sich verausgabt, wo andere streichen, einsparen, abschieben wollen.

Das also ist Buße tun:

- den gütigen Lebensgärtner an meine Wurzeln herankommen lassen. –
- zulassen, dass er den harten Boden von Grundsätzen und Rechthaberei auflockert,
- mir helfen lassen von Menschen, die diese Art von Menschengärtnerei gelernt haben und betreiben
- zugeben, dass ich auf Güte angewiesen bin und von ihr lebe;
- mich daran freuen, dass ich nicht festgelegt bin auf das, was ich versäumt und wo ich versagt habe, und mir statt dessen zugetraut wird, dass noch viel werden kann aus meinem Leben an Blüte und Reife von Menschlichkeit. Amen.

Weltgeschichte ist nicht Weltgericht

Matth. 25,31-46

Liebe Gemeinde!

Was für eine Woche, in der es immer von neuem um unser Volk ging. Es begann mit dem 9. November. Mit der Feier, der Freude, ja dem Jubel darüber, dass vor 20 Jahren die friedliche Revolution in der damaligen DDR die Mauer zum Einsturz brachte und die Deutschen wieder ein Volk Wurden, eingebettet in ein sicheres Friedens- und einträgliches Wirtschaftssystem mit all unseren Nachbarn. Wer hätte das nach dem letzten Krieg jemals zu hoffen gewagt! Der 9. November erinnert zugleich an das

dunkelste Kapitel unserer Geschichte, an die Zeit, in der das Volk der Deutschen über eine seiner Minderheiten herfiel, die Juden zum Sündenbock machte für alle Missstände und sich weder durch seine jahrhundertelange christliche Prägung, noch durch die Traditionen von Aufklärung und Humanismus, auch nicht durch das Vorbild seiner Dichter und Denker davon abhalten lieá, einen millionenfachen Völkermord zu planen, gnadenlos durchzuführen oder sich aus allem herauszuhalten und den gehorsamen Untertanen abzugeben. Dieser 9. November sollte der Tag der Deutschen sein, weil er mit seinen Höhen und Abgründen nationaler Geschichte das Gewissen dafür schärfen könnte, wozu uns die unverdiente Einheit verpflichtet.

Dann am nächsten Tag die Regierungserklärung nach einer Wahl, die denen die Mehrheit verschafft hat, die meinten, es sei an der Zeit, die Freiheit des Einzelnen gegenüber seinem Eingebundensein in die Gesellschaft zu stärken und dafür zu sorgen, dass Leistung - wie es hieß - sich wieder lohnt und die Menschen trotz einer unerhört hohen Staatsverschuldung wieder mehr Geld in der Tasche haben. Und was ist mit denen, die gar nichts haben - sogar von Hartz IV nur träumen können? Mit denen, die vom Hunger nach Europa getrieben und dort an den Grenzen unserer Nachbarländer wie vor einer gewaltigen Festung zurückgewiesen werden? Und das, obwohl der Wohlstand in diesem Europa sich micht zuletzt der systematischen Ausplünderung und Ausbeutung der Hungerländer verdankt. Davon war in der Regierungserklärung trotz aller Betonung der Menschenrechte nichts zu hören.

Und dann der Tod Robert Enkes, der die Nation erschüttert hat und der wie ich meine, zu Recht nach einer großen Öffentlichen Trauerfeier gerade heute am Volkstrauertag zu Grabe getragen wird. Ja, auch er gehört zu den Opfern, an denen unser Volk nicht nur in seinen Kriegen und in seinem Rassenwahn schuldig geworden ist. Was ist los mit einem

Volk, in dem psychisch Kranke nicht wagen, ihre Depression, ihre Schizophrenie, ihre Ängste nach außen dringen zu lassen, weil sie befürchten müssen, belächelt und fertig gemacht zu werden. Und das obwohl wir ein Gesetz haben, das psychisch Kranken alle notwendigen staatlichen Hilfen und Förderungen zusichert. Wir - die Mehrheit der Normalen - sind offenbar immer noch so unsensibel und selbstgefällig, dass die seelisch besonders Schutzbedürftigen unter uns sich zurückziehen in eine Einsamkeit, aus der es oft keinen Ausweg mehr gibt.

Das Evangelium an diesem Volkstrauertag stellt uns das Weltgericht vor Augen. Und damit steht es - nicht nur hier sondern die Bibel im ganzen - im krassem Gegensatz zum Zeitgeist unserer Tage. Es widerspricht der sich als realistisch ausgebenden, nur auf „Fakten“ gegründeten Auffassung, dass es außer diesem Leben und dieser Welt nichts gibt und der Glaube an Gott, von dem wir kommen und zu dem wir gehen, nichts als Wunschdenken ist.

Das Evangelium vom Weltgericht und mit ihm die ganze Bibel widerspricht aber auch denen unter uns, die Gott nur mit Liebe, aber nicht mit Ja und Nein, mit Rechenschaft, Gericht und Verurteilung in Verbindung bringen mögen. So sympathisch die Vorstellung von einem Gott ist, der nur Wärme und Geborgenheit ausstrahlt und so sehr ich selbst davon erfasst bin: so stumm und hilflos macht mich das im Angesicht des Bösen, des Gottlosen, des Widermenschlichen in der Welt. Ein Gott, der nichts als alles zulassende und zudeckende Liebe ist, lässt dem Bösen seinen Lauf und nimmt in Kauf, dass die Weltgeschichte zugleich das Weltgericht ist. Wo von Gerechtigkeit keine Spur ist. Wo das Recht des Stärkeren und der Zufall darüber entscheiden, wer im Licht steht und wer als Opfer sang- und klanglos verschwindet. Das, so die Bibel im ganzen, l#sst Gott der Schöpfer Himmels und der Erden und den Menschen in die Verantwortung Rufende sich nicht gefallen. Alle müssen offenbar werden vor dem Richterstuhl Gottes. Und das Neue Testament geht noch einen entscheidenden Schritt weiter. Dort auf dem Stuhl des Weltenrichters ist nichts von dem zu sehen, was hier im Licht gestanden hat. Sichtbar ist dort der, der sich zu den Opfern gestellt hat, zu denen, die man sonst nicht sieht. Der selbst ein Opfer von Achtlosigkeit und Gleichgültigkeit, von Machtgier, Folter und Mordlust gewesen ist. Er - Jesus Christus - ist es, der die Völker der Welt richten wird, der am Ende die Globalisierung auf seinen und seines Vaters Punkt bringen wird.

Nein, er wird nicht danach urteilen, welchem Bekenntnis die Menschen anhängen, wird nicht nach Weltanschauung fragen, ja noch nicht einmal Leistungsnachweise verlangen darüber, wie weit wir es im Leben gebracht haben. Nichts, gar nichts von dem, was bei uns so viel zählt: Bildung, Gesundheit, Erfolg,langes Leben und ausreichend versichert sein. Am Ende spielt das alles keine Rolle. Der Punkt, auf den es allein ankommt, der einzige Maßstab, der im Gericht angelegt wird, ist einfach nur Menschlichkeit. Das, was überall auf der Erde unter allen von Gottes Geschöpfen möglich und ins Gewissen geschrieben ist und damit global gilt: Menschlichkeit. Wozu nicht erst dies oder das sich noch ändern muss oder die da oben erst noch etwas tun müssen. Nein, worauf es am Ende ganz allein ankommt, ist das, was jeder und jede kann: Hungrigen Brot, Frierenden Kleidung, Obdachlosen Herberge, Kranken an Leib und Seele und Gefangenen Zeit geben. Und das nicht von oben herab, sondern voller Achtung, ja Ehrfurcht, weil in dem Menschen, der uns braucht, Christus selbst begegnet. Ob das Grab nun leer war oder nicht, in dem Menschen, der dich und mich braucht, erleben wir Auferstehung Christi.

Und ein klares Nein wird gesagt zu denen, die andere Prioritätem setzen. Sie, ihr Verhalten hat vor Christus keinen Bestand mehr. Und natürlich stehen sie uns ganz unwillkürlich vor Augen, die anderen, die nur an sich selbst denken und Menschlichkeit hintan stellen. Doch besser denken wir daran, wie sehr wir mit hinein verwoben sind in die Gesellschaft der Böcke. Nein, wir können sie nicht ändern oder gar abschaffen. Aber darauf achten, dass sie, dass wir bei den guten Grundsätzen und Grundrechten unserer Verfassung bleiben, dass wir global denken und lokal handeln mit dem, was uns gegeben ist, das können wir.Und dazu gebe Gott Aufmerksamkeit, Kraft und Beharrlichkeit. Amen.

Die Wende einer gnadenlosen Geschichte

Matth. 25, 1-13

Liebe Gemeinde!

Viele der Namen, die wir eben geh"rt haben, stehen f□r Menschen, die mit ihrem Tod nicht einfach verschwunden sind. Im Leben der Hinterbliebenen spielen sie noch eine Rolle. Sicher, die Zeit des ersten Schmerzes ist in der Regel vorüber. Doch die Leere, die durch den Tod entstanden ist, füllt sich mit dem Fortgang der Zeit nicht automatisch auf. Es heißt: Zeit heilt Wunden. Für den Körper gilt das sicher, aber für die Seele? Da wird manche Wunde mit dem Fortgang der Zeit eher noch größer. Vor allem deshalb, weil die Umgebung nichts mehr wahrnimmt von dem Schmerz. Denn da ist man ja längst zur Tagesordnung zurück gekehrt. Es war so wohltuend, in den ersten Tagen von einer Woge von Mitgefühl und Verständnis getragen worden zu sein. Desto schwerer war es dann, zu erleben, aushalten zu müssen, dass man eben doch sehr allein zurück bleibt: mit Tränen, die keiner sieht oder sehen will, mit Erinnerungen und Träumen, die eher abgewehrt oder übergangen werden, weil es heißt: das Leben geht doch weiter. Ja, das Leben geht weiter, fragt sich nur wie. Was hilft ein weitergehendes Leben, wenn der Mensch, mit dem man und frau alles geteilt hat, nicht mehr mitgeht?

Und nun wird Ihnen für die Predigt eine merkwürdige Geschichte zugemutet. Sie hat zunächst gar nichts zu tun mit dem, was Sie heute morgen bewegt. Die Geschichte von den zehn Brautjungfern. Sie warteten auf die Ankunft des Bräutigams. Mit brennenden Lampen oder Fackeln sollten sie ihn in Empfang nehmen und zum Festsaal begleiten. Endlich wurde sein Kommen angekündigt. Da entdeckte die Hälfte der jungen Frauen, die „Törichten“: Wir haben kein Öl mehr für unsere Lampen, können ihn also nicht mit brennenden Fackeln empfangen. Also mussten sie sich noch schnell was besorgen. Doch als sie zurück kamen, war das Fest schon in vollem Gange. Und sie standen vor verschlossener Tür.

Und damit sind wir doch wieder ganz nah bei dem, was der Tod auslöst. Da steht man doch auch wie vor einer Tür, die gerade ins Schloss gefallen ist. Wo man doch alles getan hat und noch weiter tun würde, um die Tür offen zu halten. Gewiss, bei vielen, deren Namen wir vorhin gehört haben, ist der Tod im biblischen Alter eingetreten. Das Leben war sozusagen ausgekostet. An den Türen ihres Todes wird nicht mehr gerüttelt. Bisweilen ist der Tod auch als Erlösung gekommen. Aber da hatten es die Angehörigen ja schon vorher lange erleben müssen: wie das ist, wenn die Tür zu Gesundheit und zu einem normalen Leben zugeschlagen ist - wie das ist, einem Menschen nahe zu sein, der nicht so leben darf wie die anderen, der sich nicht frei bewegen, entfalten und fröhlich feiern darf. Und was konnten sie dafür? Wie viel Bitterkeit bleibt da zurück!

Und dann die andern, die noch so sehr gebraucht wurden. Angeschlagen und gezeichnet waren einige von ihnen ja schon, waren auf Pflege angewiesen, die den Angehörigen manches abverlangte. Aber das alles hätten die ja gerne weiter auf sich genommen, wenn sie den geliebten Menschen nur behalten hätten. Irgendwie ist er auch immer noch da. Aber die Tür ist dazwischen. Auf Fragen kommt keine Antwort mehr. Dazu immer wieder diese quälenden Gedanken, diese bohrenden Fragen: Hast du denn auch wirklich alles getan, um den Tod zu verhindern? Bist du da nicht in manchem dumm oder töricht gewesen, weil du nicht auf dieses oder jene Vorzeichen geachtet hast? Hättest du nicht doch noch etwas sagen müs-sen, bevor die Tür zuging?

Was Jesus hier erzählt, ist also nicht nur die Geschichte von einigen jungen Frauen, die Pech hatten als Brautjungfern. Es ist die Geschichte unzähliger Menschen, für die im Leben alles so verheißungsvoll auf dem Wege war. Und die am Ende doch vor verschlossenen Türen im Dunkeln sitzen. Eine harte, eine gnadenlose Geschichte. Warum erzählt Jesus sie? Will er uns sagen: Was ihr hier auf Erden erlebt, ist bei Gott nicht anders? Auch bei ihm gibt es ein Zu spät. Auch bei ihm kann es dir passieren, dass dir die Tür vor der Nase zugeschlagen wird und er dir sagt: Wahrlich, ich kenne dich nicht?

Nein, und nochmals Nein. Wenn auch immer wieder so gewarnt und gepredigt wird: Christen haben keinen Grund, sich von solchen Drohbotschaften einschüchtern zu lassen. Denn ihr Herr sagt am Ende dieser Geschichte eben nicht: So ist das Leben. Die einen machen es richtig und landen im Licht, und die andern bleiben im Dunkeln, weil sie nicht so helle waren. Nein, er sagt: Wachet! Passt auf! Lasst euch nicht einschläfern von euren schlechten und bitteren Erfahrungen. Lasst euch nicht erzählen, mit Gott sei sowieso nicht mehr zu rechnen. Wachet, denn ihr wisst weder Tag noch Stunde! Über die Länge eures Lebens, den Zeitpunkt eures Todes wisst ihr nichts. Und wann und wie ihr vor Gott steht, davon habt ihr keine Ahnung. Darum wachet! Passt auf, wie ich, Jesus, diese Geschichte im Namen Gottes weitererzähle. Nein, nichr weitererzähle, da kann ja jeder kommen und irgendetwas zusammendichten. Nein, passt auf, wie ich diese Geschichte weiterlebe!

Und da werden die Dinge sehr klar und eindeutig: Vor die Tür gesetzt hat dieser Mann niemanden. Er hat ja noch nicht einmal ein eigenes Haus gehabt. Er gehörte zu denen draußen, denen man die Tür vor der Nase zuschlagen konnte. Nachgegangen ist er den Menschen. Sicher hat er so manchen auch auf den Pott gesetzt und abgewiesen. Aber grundsätzlich nur diejenigen, die sich anderen gegenüber aufs hohe Ross setzten und meinten, ihnen die Tür weisen zu können. Darum ist Jesus den Verlorenen, den Rausgeschmissenen, und denen, die sich selbst schon lange aufgegeben hatten, nachgegangen. Er hat geheilt und gezeigt: Kommt, die Tür zum Festsaal Gottes ist weit offen für Euch! Deshalb hat er sie an einen Tisch geholt und fröhlich gefeiert. Als Vorgriff auf das, was Gott mit uns vorhat. Und das geschieht bei jedem Abendmahl von neuem als Vorgeschmack auf das Freudenmahl im Festsaal Gottes. Und es wird keinen und keine geben, die draußen bleiben muss. Da würde Jesus nicht mitmachen. Dabei würde ihm der Appetit vergehen.

Nein, nicht trennen, einteilen, auswählen und verwerfen war sein Leben, sondern nachgehen und einbeziehen. So lange nachgehen, bis er selbst ganz im Dunkeln war und keiner mehr etwas von ihm wissen wollte. Als auch die engsten Freunde nicht mehr daran dachten, ihm noch etwas von dem eigenen Lebensöl abzugeben. D a s ist unser Herr, d a s hat er gelebt, s o ist er in den Tod gegangen. Und mit ihm ist der Tod nicht fertig geworden, bis heute nicht: Weil Jesus recht hat, weil es am Ende keine verschlossene Tür gibt und Jesus die Zukurz- und die Zu-Spät-Gekommenen hereinholt.

Und deshalb hat das Lied „Wachet auf, ruft uns die Stimme“ recht damit, dass es nur noch von den klugen Jungfrauen singt und die Törichten gar nicht erwähnt. Denn am Ende werden im Lichte Jesu Christi alle klug sein. Da ziehen sie ein in den Festsaal des Lebens, die heilige Stadt Gottes. Von zwölf Perlen sind die Tore. Sie brauchen nie wieder geschlossen zu werden. Denn der Tod ist verschlungen, und nun gibt es nur noch eins: Gloria sei dir gesungen! Amen.

Printed by Books on Demand GmbH, Norderstedt / Germany